Ulrike Christa Köhler

# Schlüssel zwischen Tod und Liebe

## Kurzgeschichten und Prosagedichte

www.tredition.de

© 2017 Ulrike Christa  Köhler

Verlag: tredition GmbH, Hamburg

ISBN
Paperback:     978-3-7439-2127-6
Hardcover:     978-3-7439-2128-3
e-Book:        978-3-7439-2129-0

Printed in Germany

# Inhaltsverzeichnis

## Literarische Schöpfungsgeschichte

Wie es auch gewesen sein könnte

Gott schuf die Welt, Land und Meere,

Berge, Wälder, Steppen und Seen.

Darauf Insekten, Säugetiere und Vögel.

Fische schwammen in den Meeren.

Es wuchsen die unterschiedlichsten Pflanzen

bis hinauf in die Berge in allen Regionen der Erde.

Die Tiere lebten teilweise voneinander aber auch

von dem reich gedeckten Tisch der Pflanzenwelt.

Als Gott das sah, war er sehr zufrieden.

Doch dann grübelte er und ihm war klar,

dass kein Wesen seine Schöpfung erkannte,

sondern alle nur instinktiv ihr eigenes Wohlsein

und Überleben im Sinn haben.

Von der Erschaffung dieser Welt,

von einem Schöpfer, wussten sie nichts.

Gott aber vermisste Anerkennung und Dankbarkeit.

Deshalb erschuf er ein weiteres Wesen,

das ihm zwar ähnlich, aber nicht gleich war.

Ihm maß er den dazu nötigen Verstand zu.

Als er so grübelnd am Ufer eines Sees saß,

wühlte er gedankenverloren im Sand der Böschung.

Da hatte er plötzlich Lehm in Händen und begann

mit wachsender Begeisterung diesen zu formen.


Er formte ein schönes männliches Wesen,

das gefiel ihm so gut, dass er sogleich begann

auch ein zweites Wesen aus Lehm zu gestalten,

das alle Merkmale von Weiblichkeit trug.


Danach hauchte er beiden Formen Leben ein

und siehe da, Adam und Eva standen vor ihm,

jung und rein. Sie waren die ersten Menschen

und Gott verließ die Erde voller Zufriedenheit.


Er wartete nun, dass seine Menschen sich einrichteten

und die Erde wunderbar und lobenswert fänden.

Diese betrachteten sich neugierig aber voller Scheu.

Sie entdeckten, wovon sie sich ernähren konnten.

Doch auch Angst gehörte bald zu ihrem Alltag.

Sie halfen sich gegenseitig, wenn Gefahren drohten.

Wenn wilde Tiere ihnen zu nahe kamen mussten sie

kämpfen und Adam selbst geschnitzte Pfeile werfen.

Eines Tages kamen sie sich so nahe,

dass Adam die weiche Haut Evas spürte.

Das erregte ihn sehr und von da an

interessierte ihn die Beschaffenheit ihres Körpers.


Er berührte vorsichtig ihre Brüste

und sah, dass es ihr wohl dabei war.

Er tastete sich weiter hin zu ihrem Leib

und fühlte, dass dieser flach wie eine Kule war.


Und weiter tastete er sich abwärts

und berührte zwei weiche Lippen, die zwar

geschlossen aber leicht zu öffnen waren.

Ideal, seinen Penis aufzunehmen.


Wohlige Wärme fühlte er darinnen

und Eva jauchzte vor Wollust

Auch ihn überkamen heftige Gefühle,

so dass er sich befreiend in ihr ergoss.

Das war wunderbar und von da an

waren Adam und Eva ein Paar.

Sie zogen sich derart gegenseitig an,

dass sie diese neue Gemeinsamkeit

alle Tage wieder erleben wollten.

Nach einigen Monaten schwoll Evas Bauch

sehr an. War es möglich, dass Adam so viel

von sich selbst in sie hineinfließen ließ, dass

nun ein neuer Adam heranwachsen sollte?


Schließlich gebar Eva unter Schmerzen ihr erstes Kind.

Sie hegte und pflegte den Jungen, damit er gut groß wurde.

Adam freute sich schon sehr, dass er bald

mit einem jungen Mann zur Jagd gehen könnte.


Adam und Eva liebten sich auch weiterhin sehr.

Eva wollte immer wieder von Adam in ihr Paradies,

die höchsten Höhen hinaufgewirbelt werden

und so wurde Eva alle Jahre wieder schwanger.


Diese fortdauernde Wollust aber gefiel Gott nicht.

Er hatte versäumt, die Fruchtbarkeit der Frau

zu begrenzen. Sicher, die Erde war groß aber

sie war auf Ewigkeit angelegt und nicht auf Untergang.

Schließlich warf die fünfzehnte Geburt

Eva derart danieder, dass sie früh verstarb.

Adam trauerte 10 Jahre um sie. Danach entschied

er sich mit der ältesten Tochter zu vermählen.

Die blieb bei Adam und schenkte ihm weitere Kinder.
Die Geschwister aber bildeten Paare,
und gründeten weitere Familien.
Sie wanderten aus dem Heimattal, zogen durch
die Lande nach Norden, Süden Osten und Westen.
Und immer wieder mussten sich Familien aufteilen,
um besser überleben zu können.

So bevölkerten sie nach tausenden von Jahren
den größten Teil der Erde. Wenn sie sich
begegneten, dann wussten sie nicht
dass sie eigentlich Geschwister waren.

Da sah Gott sich gezwungen, die paradiesischen
Zustände zu beenden. Er schickte von Zeit zu Zeit
Erdbeben, Feuersbrunst und Seuchen übers Land,
auf dass die Menschen demütiger würden.
Und die Gier und der Wille zur Macht waren so groß,
dass die Männer einander bekämpften.
Abwechselnd eroberten sie Land und verloren Land
Sie vertrieben einander und töteten einander.

Nun dankten sie einem Gott, den sie nicht kannten,
der auch noch keinen Namen hatte,
der aber da droben, über ihnen existieren musste,
für Erfolge und alles was gut war, in ihrem Leben.

Gleichzeitig begannen sie aber auch, sich flehentlich
an diesen Gott zu wenden, vorwiegend mit der Bitte
um Kindersegen. Gesundheit, gute Nahrungsgründe
und die Vermeidung von Katastrophen jeglicher Art.
Und noch immer setzte Gott auf den Verstand,
den er schon Adam und Eva beigegeben hatte
und darauf, dass Menschen lernten sich zu beschränken
um diese schöne Erde nicht zu zerstören.

# Die Glocken

## Kindheitserinnerungen

„Doe Gewitteraas, der Deibel soll Dich hole, wart, ich versohl Dir de Hinnern dou Bankert", so schallt es hinter Klaus her, als er leise aus der Speisekammer geschlichen kommt. Schnell steckt er das gestohlene Plätzchen in den Mund, rennt quer durch die Küche, über die Diele mit den schönen schwarz weißen Fließen, auf die jetzt ein Teil des Plätzchens fällt, das ihm aus dem Mund rutscht. Er drückt die schwere Haustüre auf und nichts wie hinaus ins Freie. Dahin, wo Ottilie, das Dienstmädchen mich nicht findet, denkt er kurz. Seine Blicke wandern über die Straße, die Stufen vor der Kirchmauer hinauf zum Kirchhof und die wenigen Schritte zur Kirche hin. Noch im selben Augenblick sieht er, dass die Kirchentür offen steht. Schnell hetzt er hinüber. Drinnen im schwach erleuchteten Kirchenraum sieht er kein rechtes Versteck und eilt deshalb die Treppe hinauf zur Empore. Kurz schaut er hinunter, um zu sehen, ob Ottilie ihm folgt. Er sucht die Orgel ab, ob es dahinter ein Versteck gäbe. Aber nein, da ist nichts und plötzlich entdeckt er eine Holzleiter, die durch die Decke hindurch hinauf in den Turm geht. Die hatte er noch nie gesehen und vorsichtig steigt er hinauf. Zwischen jeder Stufe kann er hindurchschauen und bald befindet er sich oberhalb der Holzdecke.

Die besteht hier oben lediglich aus rohen Balken, während sie von unten doch so schön angemalt ist und man fast hätte denken können, dass darüber die himmlischen Heerscharen wohnen. Die Stiegen gehen weiter und weiter und schließlich steht er im Glockenraum des Turmes. Drei riesengroße Glocken hängen hier nebeneinander an einem Balken, der ebenso roh geschnitten ist, wie diejenigen von der Kirchendecke darunter. Schön hell ist es hier, weil es rundherum, Schießscharten gleich, schmale Fensterlöcher gibt, durch die er jetzt nach unten schaut. Die Straße und das Pfarrhaus liegen tief unter ihm. Hier wurden seine Mutter, seine Schwester und er selbst vor einiger Zeit einquartiert, weil in Frankfurt die Bomben fallen. Die Bomben sollen sehr laut sein und das wäre schlecht für das Baby in Mutters Bauch. Deshalb wohnen sie jetzt hier. Nichts rührt sich auf der Straße. Ottilie hat sicher längst aufgegeben. Die ist mit der Zubereitung des Weihnachtsessens beschäftigt. Als er sich gerade beruhigt abwendet, um die Stiegen wieder hinunter zu klettern, da ertönt plötzlich direkt neben ihm ein schrecklicher Höllenlärm. Die Glocken dröhnen, wie von Geisterhand getrieben, mit einem nie gehörten Getöse. Der Boden unter seinen Füßen bebt und der ganze Turm erzittert. Das Zittern erfasst auch ihn und wie vom Teufel gejagt, rennt er davon. Er erwischt die oberste Stufe der Holzstiege nicht richtig und rollt kopfüber purzelnd die ganze Treppe hinunter.

Endlich liegt er still direkt vor den Pedalen der Orgel. Sein Kopf ist total leer. In seinem Körper rasen Atem und Puls um die Wette. Nur liegen bleiben, sagt ihm eine innere Stimme. Endlich spürt er, wie die Gedanken ganz allmählich wiederkehren und wie sein Innenleben sich langsam beruhigt. Vorsichtig steht er auf. Der linke Oberschenkel schmerzt, auch der linke Oberarm tut weh. Aber sonst? Alles andere scheint heil geblieben zu sein. Langsam, wie ein alter Mann, bewegt er sich die Treppe hinunter zum Kirchenraum und durch die Kirchentür wieder hinaus ins Freie. Die Glocken läuten noch immer. Jetzt aber, in gewohnter Lautstärke. Leute stehen im Kirchhof und schauen nach oben. „Der Küster hat nur auf den Knopf gedrückt hier unten gleich neben der Tür", hört er jemanden sagen. „Die Glocken sind jetzt elektrifiziert", sagt seine Mutter". „Der Küster muss nun nicht mehr hinaufsteigen, das wird seinen alten Knochen gut tun", kommentiert wieder jemand anderes. „Die Glocken fangen jetzt ganz von selbst zu läuten an"? fragt Klaus verwundert in die Runde. Aber ja, sie wurden heute, pünktlich zur Christ-Vesper, elektrifiziert. Welches komische Wort, elektrifiziert, wiederholt Helmut für sich alleine und versucht dieses Wort seinem fünfjährigen Wortschatz hinzuzufügen. „Wo kommst Du eigentlich her und wie siehst Du aus? Deine Festtagskleider liegen oben auf dem Bett. Du hättest Dich umziehen sollen für den Heiligen Abend. Ich habe überall nach Dir gesucht", so spricht nun Mutter zu ihm. „Ach, ich bin nur ein wenig umhergegangen". „Nun, der Gottesdienst beginnt gleich. Komm eben mit, wie du bist. Das Jesuskind wird nichts dagegen einzuwenden haben."

Nach dem Gottesdienst sind alle um den großen Tisch versammelt. Ottilie ist inzwischen nach Hause gegangen zu ihren Eltern und Geschwistern in dem Bauernhof oben am Hang. Als Nachtisch bietet Mutter ihre selbst gebackenen Plätzchen an. Sie geht mit einem Silberteller herum. Den hält sie über der Wölbung ihres Bauches, wo unter dem grauen Seidenkleid das Baby ruht und wächst. „Nun, willst Du nicht zugreifen", hört Klaus jetzt seine Mutter fragen. „Ja schon, aber sag mir, hat das laute Glockengeläute heute Abend dem Baby nicht ebenso sehr geschadet wie die Bomben in Frankfurt"? „Aber nein mein Kleiner, die Glocken sind längst nicht so laut und das Baby mag sie bestimmt gut leiden". Nie hat Klaus ein Plätzchen besser geschmeckt, als dieses eine, das ihm so freundlich angeboten wurde.

## Weihnachtsbrauch und Indianerromantik.

Das Telefon klingelt. „Oma, kannst Du zu uns kommen, wir wollen Plätzchen backen und Rose hat bei ihrer Mutter in Brasilien nicht gut aufgepasst, wie es geht". „Klar ich komme". Als Oma Christa anfährt, laufen ihr die Kinder, angetan mit weißen Schürzen schon am Auto entgegen. „Den Teig haben wir schon fertig. Rose hat im Internet nachgeschaut und ein Rezept ausgedruckt". „Hallo Rose!" Ja, ich habe alles nacheinander mit der neuen Küchenmaschine, die alles kann, gewogen und dann hinein gegeben. Zum Schluss musste ich die Masse allerdings doch herausnehmen und von Hand kneten. Jetzt ist der Teig im Kühlschrank". „In der Tat, der Teig fühlt sich phantastisch an. Also legen wir los. Ein wenig Mehl auf die Tischplatte und aufs Nudelholz und schon haben wir eine wunderschöne Teigplatte". Robert und Julian dürfen abwechselnd ausstechen und vorsichtig auf das mit Backpapier belegte Blech legen. Der Ofen ist schon vorgeheizt und hurtig kommt das erste Blech hinein. Während die Plätzchen ganz leicht bräunen, werden die Plätzchen des nächsten Bleches mit gequirlten Eigelb bestrichen und mit bunten Streuseln bestreut. Schließlich ist das dritte Blech fertig. So haben wir bald eine schöne bunte Dose bis zur Hälfte gefüllt. „Wir wollen aber weiter backen bis zum Abend", klang der Kindertenor. Nun also zeigt Oma, wie man einen Plätzchenteig ohne Küchenmaschine auf dem Tisch zusammenhackt. Rose, die Kinderfrau, schaut genau zu, denn sie will lernen, auch ohne Küchenmaschine Plätzchen zu backen. Das Kochen gelingt ihr mit der Wundermaschine immer besser. Nun muss auch dieser zweite Teig erst einmal in den Kühlschrank. Hm, was machen wir jetzt, fragen sich die Kinder und schon sind sie fort. Wir hören sie treppauf und treppab zwischen Keller und Kinderzimmer hin und herlaufen. „Das Backen geht weiter, rufe ich und schon erscheinen beide wieder in der Küche. Wir arbeiten jetzt alle vier im System: Den Teig auswalken, ausstechen, aufs Blech setzen, mit gequirltem Eigelb bestreichen, und mit bunten Streuseln verzieren. Nacheinander werden wieder drei Bleche  gebacken. „Wenn Eure Mutter von der Arbeit kommt, wollen wir fertig sein", sagt Rose. Als sie dann früher als gedacht auftaucht, wird ihr sofort ein Plätzchen in den Mund gesteckt. So wird das Küchenchaos auch für sie erträglich. Endlich ist die bunte Plätzchendose gut gefüllt. Wir müssen noch aufräumen, Teigreste von Tisch und Boden schaben und wischen. Dabei ist uns vollkommen entgangen, dass die Plätzchendose mit samt den Kindern verschwunden ist.

Nun lässt Mutter das Telefonieren sein und sucht im Haus nach ihren Kindern, die ganz still geworden sind. Oben gibt es einen kurzen Schrei und dann: „Wieso habt ihr Euer Zimmer am Abend noch überhaupt nicht aufgeräumt? Dies hier ist ja eine schreckliche Walachei". Aus einer mit Decken und Stühlen gebauten Höhle piepst Robert: „Hier sind wir, wir wollen heute Nacht hier schlafen." Ihre Schlafsäcke haben sie nebeneinander in der Höhle ausgebreitet und sich selber da hinein gelegt. Nur die Nasenspitze schaut noch heraus. Vor den beiden steht groß und prächtig die Plätzchendose. Beide kauen mit vollen Backen. „Die Plätzchen sind doch für Weihnachten" sagt Mutter, „jetzt gibt es Abendbrot!" und mit diesen Worten nimmt sie die Dose weg und hebt sie auf den Kleiderschrank im Elternschlafzimmer. Im Weggehen hört sie noch die neuen Pläne der Kinder. „Wir haben ja schon ganz schön viel gegessen oder? „Ja klar!" antwortet der kleine Bruder. „Dann können wir auch welche als Weihnachtsgeschenk an Oma Helga geben, weil die ab Weihnachten keine Chemo mehr bekommt und dann wieder gesund sein wird und vielleicht auch dem Eric und der Lisa in meiner Klasse je eine kleine Tüte voll" „Und der Melanie im Kindergarten natürlich auch", erklärt nun Julian.

**Günter als Eiskönig:**

Im Winter konnten wir in der Anlage den Abhang hinunter rodeln und mussten kurz vor dem Wasser bremsen. Wenn das Wasser aber eine Eisschicht angenommen hatte, probierten die mutigsten Buben vorsichtig die Haltbarkeit, indem sie bäuchlings an das andere Ufer zu robben versuchten. Schließlich war die Latte, die sie aufs Eis geworfen hatten, liegen geblieben. Günther machte sich bereit. Zur Fortbewegung dienten große Nägel, die er in beiden Fäusten hielt. Alle Klatschten, als er schließlich drüben angekommen war. Da die Winter zwar kalt aber wechselhaft waren, stand diese Mutprobe mehrmals im Jahr an. Wenn ein Junge ins Wasser fiel, dann liefen die anderen schnell zum Haus des Herrn Westenberger. Der hatte dort oben hinter der Anlagenhecke einen Kiosk. Er kam mit einer großen Leiter und fischte den Buben schimpfend heraus. „Das Eis ist doch überhaupt noch nicht fest genug, warum geht ihr da schon drauf? Das nächste Mal komme ich nicht, lasse den leichtsinnigen Kopf einfach ersaufen." Und das nächste Mal kam er doch wieder und half, denn nachdem unser Günther dreimal der Eiskönig war, erwischte es auch ihn und ohne Herrn Westenberger, wer weiß. – Tropfnass und unterkühlt kam er schließlich nach Hause zu Mutters Holunderbeeren Suppe mit Apfelstückchen und Grießklößchen. Den Namen des jeweiligen Eiskönigs des Jahres durften die Jungens in

einem kleinen Laden im Ort unter den unterschiedlichsten Klein-
anzeigen, ebenfalls mit Folie abgedeckt, bekannt geben. So wurde
Günter schon früh berühmt.

## Günter als Spion

Dort, wo heute die Stadthalle steht, war früher das amerikanische Depot „Pioneer". Am Eingang gab es eine Schranke, daneben ein Wachhäuschen und hinter dem Wachhäuschen ein riesengroßer Abfallcontainer. Der wachhabende Soldat schaute meist unter sich, las irgendetwas oder döste vor sich hin. Günter wollte wissen, welch geheimnisvolle Dinge in den Container geworfen wurden. Also schlichen zwei von mehreren Buben unter dem Fenster des Wachhäuschens vorbei zu dem Container. Drinnen musste sich Günter auf seinem Freund abstützen, um in den Container schauen zu können. Oben schob er den schweren Deckel zurück. Was er heraus fischte, war eine leicht angedatschte Apfelsine. Nachdem die beiden Buben wieder hinausgeschlichen waren, rannten sie alle zusammen fort. Nur die letzten sahen noch, wie der Soldat mit seinem Gewehr im Anschlag aus dem Häuschen trat, prüfend nach allen Seiten schaute, den Kopf schüttelte und wieder verschwand. Die Buben beratschlagten inzwischen, wie man diese Frucht essen könnte. So hineinbeißen? Wohl kaum. Schale ab und hineinbeißen wurde schließlich beschlossen und schon spritzte der Saft aus der ersten Apfelsine ihres Lebens.

## Günter als Archäologe

Der nahe Wald war ein bevorzugtes Revier.

Günther durchstreifte ihn mit einigen Freunden regelmäßig, besonders auch das Hainbachtal. Dort stauten Sie den Bach auf, damit sie baden konnten. Hier, ganz in der Nähe, sahen die Buben von Ferne einigen Männern dabei zu, wie diese mit ihren Spaten eines der Hünengräber, die im Buchenwald verstreut lagen, aufgruben. Spätnachmittags war für die Männer Feierabend und sie zogen ohne jeglichen Fund wieder ab. Der Hügel war jetzt erst richtig interessant geworden. Was nur hatten diese Männer gesucht? Einen Schatz vielleicht? Günter und die Buben stürmten hin. Einige Schaufeln lagen noch herum und so fingen sie an, mehr seitlich zu graben. Plötzlich tauchte aus dem Erdreich eine Keramikschale auf und wenig später ein passender Deckel. Das musste wohl sehr wertvoll sein, dachten sich die Kinder und Günter nahm die Teile mit nach Hause. Der Mutter erklärte er, dass diese Schale so kostbar sei, dass sie in die Vitrine des Wohnzimmerschrankes gehöre. In der Tat befreite Mutter Schale und Deckel von Erde und Sand und legte die Stücke in die Vitrine neben den bunt bemalten hölzernen Schöpflöffel, den Vater als Soldat bei einem Heimaturlaub aus Russland mitgebracht hatte. Wenige Tage später jedoch tauchte ein Dr. Naghen, Pädagoge vom Leibnitz Gymnasium, dessen Hobby die Archäologie war, zusammen mit einem Kollegen bei uns auf. Sie hatten die frischen Grabspuren an dem Hünengrab aus der Jungsteinzeit entdeckt und in der Nachbarschaft herumgefragt. Bei Metzger Grosch, dessen Sohn mit Günter befreundet war, erfuhren sie, dass Günter eine Schale mitgenommen hatte. Natürlich gab Mutter die Schale sofort zurück und Günter erhielt dafür eine lebenslänglich gültige Eintrittskarte für alle Heimatmuseen des Landkreises. Die Schale landete schließlich gut restauriert, als Ausstellungsstück in Seligenstadt.

## Günter und die Schule

Inzwischen war Günther 10 Jahre alt. Da unser Vater, der inzwischen aus Kriegsgefangenschaft zurückgekehrt war, ehrgeizige Ziele für seine Kinder hatte, meldete er ihn im Humanistischen Leibnitz Gymnasium am anderen Ende Offenbachs an. Er hatte bisher nicht bemerkt, dass sein Sohn ein sehr praktisch denkendes Kind war. Hier aber wurde schon in der Sexta Englisch und Latein gelehrt. Natürlich bekam Günter bald Probleme. Irgendwann einmal störte er den Unterricht und deshalb zog und drehte der Lehrer ihm das Ohr. Günter erhob sich spontan und seine Hand rutschte unversehens aus und landete in dem Gesicht des Lehrers. Daraufhin wurde er aus der Klasse verwiesen und auf dem Dachboden eingesperrt. So etwas aber durfte man unserem Günter nicht antun. Er schaute aus dem Fenster, untersuchte die Tiefe des Gebäudes, untersuchte die mögliche Haltbarkeit des Dachs und fand nicht allzu weit entfernt die Regenrinne. Alles klar! Günter stieg aus dem Fenster aus, überstieg ein paar Ziegeln und erreichte die Regenrinne. Daran rutschte er hinunter und fuhr nach Hause, als sei nichts gewesen. Telefon gab es damals noch nicht. Deshalb machte sich der Lehrer zusammen mit dem Direktor auf den Weg in die Tempelsee, einem Ortsteil von Offenbach. „Ihr Sohn ist entlaufen", sagten die beiden Herren zu meiner Mutter. Bevor wir die Polizei um eine Suchaktion bitten, wollten wir Sie unterrichten." „Mein Sohn ist nicht entlaufen, entgegnete meine Mutter. Er sitzt drinnen in der Küche und löffelt seine Suppe".

„Ach so", sagten die Herren, das ist ja wunderbar! Wir dachten schon wir müssten Wald, Feld oder gar den Main absuchen lassen. Aber Sie werden verstehen, an unserer Schule kann ihr Sohn nicht bleiben".

Den Direktor kannte Mutter schon, denn der war vor Monaten schon als Archäologe vorstellig geworden. Günter musste gottlob diese Schule verlassen.

Weitere Abenteuer, oder soll ich besser sagen Schandtaten hielt Günter, der nun älter geworden war, sorgfältig vor uns verborgen. Allerdings, wenn er als 70-jähriger auf dem Dach seines Hauses steht, um die Algen von der Giebelwand abzuspritzen oder die Regenrinne zu säubern, dann schlagen Nachbarn die Hände über dem Kopf zusammen aus Sorge um den älteren Herren dort oben. „Wollen Sie diese Arbeiten nicht besser durch ihren Sohn machen lassen"? rufen die ihm zu. „Oh nein", antwortet mein Bruder, „der fällt mir noch vom Dach". Doch inzwischen ist er tatsächlich etwas vorsichtiger geworden. Aber ist das besser? Schon vor Tagen stellte er eine Metallleiter auf den Balkon, um von da aus aufs Dach zu steigen. Aber als er sich den Himmel betrachtete und den gestrigen Wetterbericht bedachte, da ließ er es sein und verschob sein Vorhaben auf den nächsten Tag. In der Nacht aber wurde er wach, weil irgendetwas immerzu gegen die Hauswand schlug. Wer klopft da? fragte er sich im Halbschlaf. Vögel gab es genug in der Umgebung, doch das Geräusch war kräftiger als es ein Vogel verursachen könnte und die Wildschweine, die nachts in Horden das große Brachland zwischen Bach und Wald aufsuchen, klopfen nicht an die Hauswand. Also rollte sich Günter aus dem Bett und ging zum Balkon. Heftiger Wind bewegte seine Leiter so, dass sie  abwechselnd abgehoben wurde und dann wieder an die Wand zurückfiel. Vor seinen Augen schlug plötzlich ein Blitz in die Leiter ein. Diese erhob sich vom Balkon, als sei Wind unter ihre nicht vorhandenen Flügel geraten. „Um Gottes Willen, nicht auf mein Glasvordach", dachte Günter nun laut und die Leiter gehorchte tatsächlich. Sie bewegte sich hoch hinauf in den Himmel, um dann schließlich im Blumenbeet niederzusinken.

## Das Mädchen mit dem Brennglas

Pauline wohnt im Schloss. Sie ist bereits zwölf Jahre alt und zählt sich schon fast zu den Erwachsenen. Eine Gouvernante hilft ihr morgens beim Anziehen. Sie liebt kräftige Farben und wählt heute ein Kleid mit einem feuerroten Satinrock aus. Der Rock reicht ihr bis zu den Knöcheln. Das rot, grün gestreifte Mieder legt man ihr schon recht eng an.

Auf dem Weg zum Frühstücksraum kommt sie durch das Zimmer ihres Großvaters. Dort schaut sie kurz in den Spiegel, der über dem Kamin hängt. Lustig, denkt sie, welch große Schritte ich mit diesem Rock machen kann. Ei, was liegt denn da auf dem Kaminsims? Das ist doch ein Vergrößerungsglas. Großvater hat es sicher liegen gelassen. Ich bringe es ihm hinunter, denkt sie und steckt das Glas in die Tasche. Auf der Treppe nimmt sie immer zwei Stufen auf einmal. Wie weit ich wohl mit solch großen Schritten käme, wenn ich den ganzen Tag laufen würde, fragt sie sich unten angekommen. Im Speisezimmer sitzen bereits ihre Mutter und die Gouvernante. Vater und Großvater sind wohl schon gegangen.

„Was soll ich denn heute machen, fragt sie die beiden". „Hast Du keine Pflichten mehr für den Unterricht morgen", fragt Mutter. „Nein, das habe ich alles längst gemacht", antwortet Pauline. „Nun, dann schaue Dir den Garten mit den Augen eines Malers oder eines Dichters an". „Ach, das ist doch immer dasselbe. Ich möchte so gerne weiter hinaus". „Mein Kind, dann hast Du Augen und Ohren noch nicht richtig geöffnet. Der Garten verändert sich an jedem Tag. Hier sind Blumen verblüht und dort neue aufgegangen. Das Licht spielt mit vielerlei Gegenständen sein Schattenspiel. Der Garten bleibt nicht für eine einzige Stunde derselbe. Nimm Dir Zeit zum Beobachten und du wirst Dich wundern, wie schön dieser Garten ist. Weiter hinaus musst Du dann wirklich nicht mehr. Und abgesehen davon, ist es draußen für ein Mädchen viel zu gefährlich. In den Wald gehen Frauen nur in männlicher Begleitung". „Aber wieso denn? Bei all den Jagden wurden immer nur Hasen erlegt. Ein Reh oder ein Wildschwein vielleicht. Das ist dann aber schon die Ausnahme. Diese Tiere würden mir bestimmt nichts Böses antun". „Es ist aber verboten hinauszugehen und du weist es! Außerdem sind die kleinen Tiere im Garten viel interessanter. Achte einmal darauf, wie die Vögel sich untereinander verständigen, wie die Fliegen als Schwarm in der Luft stehen, wie die Libelle so zart und schillernd über den Teich streift. Wenn man sich still verhält, dann kann man im Garten unendlich viel erleben". „Ich will aber nicht still halten", protestiert nun das Töchterlein.

„Dann wirst Du es eben lernen müssen", krächzt jetzt die Gouvernante. Etwas missmutig trinkt Pauline schließlich den Kakao und isst eine Schnitte Brot dazu. Dann verabschiedet sie sich von den beiden Damen mit einem „guten Tag" und draußen ist sie.

Dreimal umläuft sie den inneren Weg des Gartens. Dann wechselt sie auf den äußeren Weg hinüber, der auf seiner Schmalseite von einer Mauer begleitet wird. In der hintersten Gartenecke gibt es ein mit Schmiedeeisen zusammengenageltes Holztor. Sie drückt den Griff herunter und siehe da, die Lasche hebt sich aus ihrer Wange. Paula drückt nur so zum Spaß gegen das schwere Tor und es gibt sogar ein wenig nach. Nun drückt sie mit ganzer Kraft und das Tor macht ihrem schmalen Körper genügend Platz zum Hindurchschlüpfen.

Augenblicklich werden die Bäume größer und die Wege schmaler. Erst sieht sie noch viel vom blauen Himmel und den weißen Wölkchen zwischen den Ästen hindurch. Doch bald ist sie umgeben von einem dunkelgrünen Gewölbe, das kein Ende zu haben scheint. Doch dann schimmert in der Ferne etwas Licht. Der Wald ist auf einer Seite gewichen und hat einer Neuanpflanzung Platz gemacht. Doch mitten in der Hege stehen vereinzelt noch sehr alte knorrige Bäume. Einer steht ganz nah und aus seinen bizarren Ästen scheint ein altes Gesicht hervorzuschauen. Im Gegenlicht

kann Pauline die Konturen zwischen Wolkenfetzen und Holzaus-
wüchsen nicht gut voneinander trennen. Es schimmert und flim-
mert zwischen vergoldetem Dunst und dunklen Umrissen. Es
wird ihr ganz mulmig zumute. Die erste Abendkühle schleicht
sich in den Nachmittag. Sie steckt nun beide Hände in die Rock-
taschen und hat plötzlich Opas Vergrößerungsglas in der Hand.
Ein kleines Feuerchen wäre schön und könnte vielleicht auch Ge-
spenster vertreiben. Schnell sammelt das Kind ein paar Hölzchen
zusammen und stapelt sie so gegeneinander, wie sie es bei ihrem
Bruder gesehen hat. Nun hält sie ihr Glas zur Sonne hin und beo-
bachtet den gebündelten Strahl, der auf die Hölzchen trifft. Ihr
ausgestreckter Arm wird schon müde, doch sie hält durch, bis tat-
sächlich ein Stängelchen zu glimmen beginnt. Weiter, weiter
denkt sie und hält die Hand ganz ruhig, bis ein zweites und dann
ein drittes Hölzchen zu rauchen beginnt. Das erste Hölzchen
schickt nun eine kleine rote Flamme, so rot wie ihr Rock, in die
Höhe. Plötzlich brennen auch andere und mit einem Mal gibt es
eine Stichflamme, vor der Pauline voll Schreck und bei gleichzei-
tiger Begeisterung hinweg hüpft. Oh, ist das wunderbar, singt sie
tanzend der Flamme entgegen, die mit einer gelbroten Zunge
nach ihrem Kleid lechzt. Erschrocken hört sie nun ein Prasseln
und Krachen und es klingt, als würden die alten Bäume ring um-
her ein schreckliches Wehgeschrei anstimmen.

Voller Panik läuft das Mädchen nun zurück zum Schloss. Völlig verängstigt rennt sie zuerst in die Küche. Was ist mit Dir? Komm her! Du siehst ja aus und du riechst, als hättest Du sieben Tage am Herd gestanden. Hier, wasche Dir Gesicht und Hände im Zuber. Herrjeh! Und das schöne Kleid. Zieh' es aus, ich versuche es in Ordnung zu bringen. Den Rest des Tages verbringt das Mädchen im Kittel in der Küche, während eine besonders begabte Magd versucht, den Schaden an ihrem Rock zu beheben.

Hattest Du heute Ärger im Amt, fragte beim Abendbrot die Baronin ihren Mann. Nein, das nicht. Aber etwas anderes macht mir Sorge. Es sieht ganz so aus, als würde wieder einmal jemand im Wald zündeln. Wenn ich den erwische, dann schmeiße ich ihn in den Kerker. Pauline sitzt schweigend und schuldbewusst mit am Tisch.

## Die Störche sind zurück

„Aufstehen" ruft Susanne, die Haushaltshilfe in den Schlafraum der Mädchen. Sie eilt schnurstracks zum Fenster und öffnet die Läden weit auf. „Wieso verrammelt ihr Euer Zimmer so schrecklich und macht bei diesem schönen Wetter alles dicht und dunkel?" „Josepha hat gestern Abend alles zugemacht, weil sie Angst vor den Störchen hat", sagt Hanna jetzt voller Eifer. „Aber wieso denn Angst vor den Störchen"? „Die schnattern so laut, dass ich nicht schlafen kann" meldet sich jetzt Josepha zögerlich aus ihren Kissen. „Ist nicht wahr", wendet die Schwester nun ein. „Der Storch soll nicht hereinfliegen und ihr ins Bein beißen, das hat sie gesagt, davor hat sie Angst". „So ein Quatsch", schimpft nun Susanne, „als ob Störche nichts Besseres zu tun hätten, als kleinen Dummchen ins Bein zu beißen. Auf, los, aus den Federn mit euch, eure Mutter ist schon lange unten in der Küche. Ihr wisst, sie wartet nicht gerne mit dem Unterricht".

Die beiden ältesten Brüder sind schon auf dem Weg zum Bus in die Stadt, wo sie das Gymnasium besuchen. Das konnten die Eltern, trotz all der Proteste und sogar mit einem Prozess, den sie geführt haben, nicht verhindern. Sie sagen, die im Biologie Unterricht gelehrte Evolutionstheorie widerspricht der Schöpfungslehre und ist damit nicht mit ihrem Glauben vereinbar. Auch wollen sie ihre Kinder vom Sexualunterricht fern halten.

„Josepha, du weißt, dass deine Eltern auch für dich wieder kämpfen werden, um dich und die Kleineren von der Schulpflicht zu befreien. Du solltest dankbar sein, dass deine Eltern sich so dafür einsetzen, dass du die Unmoral dort draußen nicht erleben musst. Also, marsch marsch!" „Ich will aber auch ins Gymnasium. Dort ist es viel abwechslungsreicher als hier im Haus." „Sei still, du weißt nicht was du redest"!

Nach dem Frühstück unterrichtet Mutter vier ihrer Kinder zwischen 5 und 10 Jahren. Die beiden Jüngsten dürfen nebenan spielen. Josepha ist die Älteste der Kleinen. Mutter lässt sie bereits Bruchrechnungen machen, während sie sich zu Johannes und Matthias setzt und die beiden Brüder leise lesen lässt. Die Kleine Magda malt derweil die richtigen Buchstaben unter Wortbilder.


Am Ende des Unterrichtes ruft Mutter die Josepha zu sich. „Was höre ich, du verrammelst euer Zimmer, weil du Angst vor den Störchen hast"? „Ja, ein bisschen, weil die den größeren Mädchen manchmal ins Bein beißen und ihnen ein Baby bringen. Weil wir aber schon eine so große Familie sind und genug Babys haben, will ich das nicht." „Nun beruhige dich. Glaubst du denn, du wärest schon ein größeres Mädchen?" „Nein, eigentlich nicht". „Siehst du, so sehe ich das auch. Und wer hat dir das von den

Störchen erzählt?" „Das war der Georg vom Mühlenbauer Möller." „Wann hast du den Georg getroffen?" „Nun, den treffe ich fast jeden Tag. Immer wenn ich beim Milchholen an den Störchen vorbeigehen muss. Dann rufe ich ihn. Meistens kommt er und geht mit mir am Haus mit dem Storchennest vorbei, bis zum Milchbauern und dann wieder zurück".

Jetzt nimmt die Mutter ihr Mädchen in den Arm. „Hör zu, wie wir eben gerade festgestellt haben, bist du noch ein Kind und kein großes Mädchen. Zudem hast du sicher bemerkt, dass das Storchenpaar selbst zwei Junge hat. Die Storcheneltern sind voll damit beschäftigt, Futter für ihren Nachwuchs zu beschaffen. Glaubst du wirklich, die hätten sich um dumme Mädchen zu kümmern, die auf einen solchen Aberglauben hereinfallen? Um Kinder zu bekommen, sind, wie bei uns, oder wenn du willst, wie bei den Störchen, immer Vater und Mutter nötig." „Aber die Grete im Dorf hat auch schon ein Kind und keinen Mann." „Ja, die Grete muss aber einmal einen Mann an ihrer Seite gehabt haben, der nun leider nicht der Vater ihres Kindes sein will. Damit lässt er die arme Grete mit der Verantwortung und Fürsorge für das Kind ganz alleine." Dabei machte Mutter ein sehr trauriges Gesicht. „Mache dein Fenster also nachts auf, auch wenn die Störche klappern. Später am Abend beruhigen die sich wieder und schlafen selbst. Es geschieht euch also nichts. Und das Milchholen im Dorf, das kannst du ganz alleine und musst den Geschichtenerzähler Georg nicht dabei haben. Fasst der Georg dich eigentlich auch hin und wieder an?" „Nun ja, so ein bisschen, aber nicht sehr." „Das darfst du aber nicht zulassen". „Warum nicht, der tut mir überhaupt nicht weh, im Gegenteil." „Du musst deinen Körper schützen vor Übergriffen junger Männer. Selbst wenn die Annäherungen gut gemeint und wohltuend sein sollten, wehre sie ab. Dich streicheln und anfühlen, das darf nur jemand, der dich sehr lieb hat." „Aber der Georg hat mich ganz bestimmt auch lieb." „Ja, aber der Georg ist sicher nicht derjenige, der von Gott für dich auserkoren wurde, dich zu berühren." „So wie Papa oder du oder die Magda"? „Ja und erst viel später sollte dies einem jungen Mann erlaubt sein, der auch Vater deiner Kinder sein will." „Wie soll ich das erkennen?" „Wenn es so weit ist, dann werden wir schon prüfen, wer der Richtige für dich ist, der auch sicher im Glauben an deiner Seite stehen wird. Aber nun ab mit Dir, zu den anderen, spielen". Die Mutter aber nimmt sich vor, am Abend ernsthaft mit ihrem Mann darüber zu sprechen, ob es nicht besser wäre, in ein anderes Land umzusiedeln, wo nicht nur Religionsfreiheit, sondern auch Schulfreiheit gewährt wird.

## Keine Ruhe vor dem Fest

Mohamad, der dunkelhäutige alte Mann mit der gestrickten Kufimütze auf dem Kopf, hockt am Ufer des Mains. Zwischen den Knien hält er ein kleines blondes Mädchen fest. Beide füttern die Enten mit altem Brot. Jetzt kommt auch ein Schwan herangesegelt. Hinter ihnen rattern Jugendliche auf Roller-Plates auf dem asphaltierten Weg von der Altstadt abwärts zum Main hinunter und dann weiter auf dem Spazierweg am Main entlang. Der kleine Emil jedoch, bekommt die Kurve nicht. Unten angekommen rutscht er weiter über einen schmalen Wiesenstreifen, durch offenes Weidengebüsch hindurch. Erst auf den glitschigen Steinquadern im Uferbereich des Flusses kommt er zum Halten. Erschrocken stellt Opa das Kind zurück auf den Weg mit dem Befehl, sich nicht weg zu bewegen. Er rennt zu der Stelle, wo Emil ins Wasser platschte. Er folgt den Hilferufen des Jungen. Der versucht sich an einem Stein festzuhalten, von dem er aber immer wieder abrutscht. Es gibt hier eine kräftige Strömung. Emils Körper zappelt im Wasser. Opa klettert zu ihm hinunter, rammt seine Füße gegen den Felsbrocken und reicht Emil die Hand. Schließlich liegt Emil hustend auf der Wiese. Ein vorbeikommender Radfahrer hat schnell sein Handy bereit und wählt den Notruf 112. In wenigen Minuten steht ein Krankenwagen in der Auffahrt. Ein Arzt pumpt den Brustkorb des Jungen. Hinterher weint Emil leise vor sich hin. Er will nach Hause. Doch der Arzt sagt, er wolle ihn erst im Krankenhaus gründlich untersuchen lassen. Nachdem er Namen und Adresse aufgenommen hat, schiebt er den Jungen in den Krankenwagen.

Gottlob, der kleine blonde Engel ist die ganze Zeit über brav stehen geblieben. Wir müssen nach Hause, sagt Mohamad und geht mit ihr den Abhang hinauf, durch das breite Tor in der Mauer des Dammes, durch die Altstadt hindurch, zu einem größeren Mietshaus. Hier wohnen sie Tür an Tür, die türkische und die deutsche Familie. Da Mohamad nicht mehr arbeitet, geht er hin und wieder mit der kleinen Elvira spazieren. Emil ist eigentlich schon groß genug, um auf sich aufzupassen, wenn Vater und Mutter zur Arbeit gegangen sind. Doch heute war er sehr leichtsinnig. Wie konnte er mit dem Roller-Plate den steilen Hang herunterfahren. Er hatte doch überhaupt noch keine Übung. Nun, es war noch einmal gut gegangen. Er drückt die Klingel von Helfrichs, den Mietern nebenan. Frau Helfrich muss heute, am 24.12. vormittags im Friseursalon arbeiten, denn alle Frauen wollen zum Weihnachtsfest schön sein. „Guten Tag Herr Ützpü, hallo meine Kleine. War es schön am Main"? „Ja, aber Emil ist ins Wasser gefallen". „Was sagst Du da"? „Ja", antwortet nun Herr Ützpü. „Er bekam mit seinem Roller-Plate die Kurve nicht und landete tatsächlich im

Main". „Und wo ist er jetzt"? „Ein Krankenwagen hat ihn mitgenommen. Sicher wird er bald wieder da sein". „Du meine liebe Güte und das ausgerechnet zum Fest". „Entschuldigung, das Telefon klingelt, vielleicht ist dies schon das Krankenhaus". Mohamad geht zu seiner Frau in die Wohnung nebenan.

Gegen Abend klingelt es bei Familie Ützpü. Frau Helfrich steht im festlichen Kleid in der Tür. „Mein Mann und ich möchten Sie beide gerne zu unserer Weihnachtsfeier einladen. Natürlich nur, wenn ihr moslemischer Glaube ihnen dies nicht verbietet." „Nein, nein, ganz und gar nicht. Jesus war auch in unserer Religion ein Prophet und wir achten ihn". Nach wenigen Minuten kommt das Ehepaar Ützpü in ein wunderschön geschmücktes Wohnzimmer mit einem in Gold geschmückten Weihnachtsbaum. Alle sitzen darum herum. Auch Emil ist wieder da. Der Vater konnte ihn eine Stunde nach dem Unfall schon wieder abholen. Von Vater Helfrich auf der Gitarre begleitet, singen alle gemeinsam Weihnachtslieder. Dann erst wird beschert. Jeder hat für jeden ein Geschenk. Den Ützpüs übergibt Frau Helfrich einen hübschen grünen Kranz mit bunten Schleifen und Beeren verziert. „Wenn Sie wollen, können Sie diesen Kranz an die Wohnungstür hängen. Er ist ein Symbol für die Unendlichkeit des Lebens. Sie haben heute unseren Emil gerettet. Vielen Dank dafür! Möge Ihnen der Kranz viel Glück und ein langes Leben bescheren". Nun erheben alle ihr Glas. „Frohe Weihnachten" beginnt Frau Helfrich und jeder sagt zu jedem Anwesenden „Frohe Weihnachten". Danach geht man zu Tisch. Spät am Abend sagt Frau Ützpüs, nachdem man sich herzlich verabschiedet hat, noch im Treppenhaus zu ihrem Mann. „Das war aber ein sehr schönes Weihnachtsfest".

## Wo ist meine Brille

Kevin, ein jugendlicher Alter, wippt mit einem großen Stapel Tageszeitungen an den nachbarlichen Reihenhäusern entlang, vorbei an den Garagen, hin zu den großen Müllcontainern an der Straße. Hier stehen rundliche Flaschencontainer in braun, weiß, grün neben einem großen rechteckigen Papiercontainer. Der Wurfschlitz ist frei und nicht wie häufig, überquellend. Er schiebt seine Ladung portionsweise hinein und schaut den letzten Blättern noch nach, um zu sehen, wie tief sie fallen. Erledigt, denkt er und streift seine Hände an den Jeans ab. Dabei irritiert ihn, dass sein Hemd in der Brustgegend so platt ist. Hatte ich nicht meine Brille in der Hemdtasche? Oh je, jetzt ist es passiert. Die gute teure Brille. Wie ist das bloß passiert? Wurde sie mit einem Stapel Papier eng an der Brust mit hochgeschoben und rutschte in den Container? Dagmar schimpft immer, wenn ich die Brille herumtrage, anstatt sie aufzusetzen. Aber immer mit diesem Fremdkörper auf der Nase herumzulaufen, daran kann ich mich einfach nicht gewöhnen. Meine Augen sollen sich ohne Brille noch ein bisschen anstrengen. Aber jetzt ist guter Rat teuer. Der Container lässt sich nicht öffnen. Wenn ich die Müllentsorgungsfirma anrufe und kommen lasse, dann kostet das kaum weniger als eine neue Brille. Nun untersucht Kevin mit Ingenieursblicken den Einfüllschlitz. Ob ich da hindurch passe? Ich muss es versuchen. Der schlanke

Mann hievt sich empor und steckt zuerst den Kopf durch den Schlitz. Keine Brille zu sehen. Doch es hilft nichts, er muss ganz hinein. Er stemmt sich hoch. Als er sich etwas vorwärts schiebt, spürt er unter sich Widerhaken. Verdammt, er muss Luft zwischen sich und der Kante mit den Haken schaffen. Nun also gleichzeitig, die Beine anheben, etwas nachziehen, die Hände loslassen und kopfüber hinein in den Container. Geklappt! Er fällt weich! Er kann sogar fast aufrecht stehen. Kevin wendet ein paar Zeitungen, die um seine Füße herum liegen. Aussichtslos, denkt er, ich muss systematisch vorgehen. Die bereits gewendeten Zeitungen schafft er auf einen Stapel und setzt sich bequem darauf nieder. Nun hat er einiges unter sich und viel Papier und Pappe um sich herum. Die Arbeit kann beginnen. Draußen gehen jetzt Leute vorbei. Ein Hund scheint hinterher zu trotten. Der aber bleibt an der Tonne stehen und bellt und bellt ohne Unterlass. Komm Bauzi, ruft eine Frau bereits aus einiger Entfernung. Der Hund jedoch gerät immer mehr außer Rand und Band. Er bellt sich fast das Herz aus dem Leibe. Jetzt ruft auch sein Herrchen nach ihm, doch der Hund reagiert nicht. Ich muss ihn beruhigen, denkt Helmut, steht auf und dreht sich zum Einfüllschlitz hin. Er zeigt dem Hund Kopf und Hände. „Ja ja, ist schon gut, ich bin es doch nur. Auf, lauf zu Herrchen und Frauchen." Bauzi schaut ihn fragend an. „Es ist doch alles in Ordnung, geh und lauf los." Bauzi pinkelt sicherheitshalber noch an den Container, bevor er tatsächlich davon trottet. Als Kevin wieder Platz genommen hat, fächert, schüttelt und wendet er Zeitungen und zerkleinerte Kartonage erst von rechts nach links und dann die ganze Schose zurück, um dann den darunter liegenden Müll, von links nach rechts zu bewegen. Plötzlich fühlt er einen kleineren festen Gegenstand aus Glas, nicht Papier. Dann hat er tatsächlich seine Brille in der Hand. Schnell setzt er sie auf die Nase und hofft, dass sie den bevorstehenden Kraftakt nach draußen gut überstehen wird. Was sollen eigentlich die blöden Widerhaken. Vielleicht sind die dazu da, bei einem großen Windstoß zu verhindern, dass die Zeitungen von drinnen wieder nach draußen geweht werden. Er muss sehr aufpassen. Eigentlich ein warmer geschützter Ort mit schönem gedämpften Licht. Mit einem „Adios" stemmt Helmut sich wieder hoch, schiebt den Oberkörper nach draußen, dreht sich nach innen, lässt los und zieht die Beine so hoch als möglich hinterher. Geschafft! Schließlich hockt er für ein paar Minuten etwas benommen an der Containerwand. Dann geht er im Bewusstsein, ein toller Hecht zu sein, den Weg zurück, vorbei an all den möglichen Blicken aus Küchenfenstern, zu seinem, dem letzten Haus der Reihe.

## Die peinliche Trauerfeier

Seit Tagen ist das Bett neben Opa leer. Oma ist im Krankenhaus. Inge, seine Tochter, bringt ihm täglich eine warme Mahlzeit. Dann kommt der Anruf aus dem Krankenhaus. Elli, seine Frau, ist gestorben. Er kann es nicht glauben. Denkt, es müsse eine Verwechselung vorliegen. Sie war doch jünger als er und eigentlich gesund. Erst als er in den Gesichtern seiner Kinder ein stummes Entsetzen bemerkt, beginnt er allmählich die Situation zu begreifen. Nun füllt sich das Haus. Vormittags ist seine Tochter bei ihm. Auch sein Sohn taucht täglich für ein paar Stunden auf. Darüber hinaus gibt es ein ständiges Kommen und Gehen von Kindern und Ehepartnern. Es wird telefoniert, beraten, gefragt, ob dieser oder jener Spruch besser geeignet sei für die Anzeige. Sie wälzen den Katalog des Beerdigungsinstitutes. „Einen Text für den Pfarrer müssen wir zusammenstellen, denn der braucht für seine Ansprache eine kleine   Rückschau auf Mutters Leben", mahnt Thomas. Das große Nachdenken über Mutters Vergangenheit beginnt. Wer war Elisabeth? Alle nannten sie immer Elli. Was hat sie uns über all die Jahre erzählt? Was war ihr wichtig? Was, von dem was sie tat oder dachte, wäre erwähnenswert? „Opa, sag' doch etwas!"

Opa sitzt im Sessel und schaut in den Garten. Hier draußen hat sie gewirkt, Frühlingszwiebeln gesteckt. Samen vorgekeimt und später kleine Pflänzchen ins Erdreich gebracht. Die haben sich dann zu prächtigen Sommerblumen entwickelt. Wenn, Mitte Mai, die Frostgefahr vorüber war, holte er ihr die Zinkwanne aus dem Keller. Dahlienknollen waren darin in Torferde eingebettet. Elli versenkte die fleischigen Knollen in ein Schlammbett. Später dann war über viele Wochen der Nachbarzaun hinter einer vielfarbigen Blütenwolke versteckt. So lässt er seine Gedanken schweifen. Er sieht eine braungebrannte Frau vor sich, wie sie in gebückter Haltung im Beet arbeitet. „Den Garten hat sie geliebt", sagt er schließlich mit tränenerstickter Stimme, „sonst fällt mir nichts ein, was ich dem Pfarrer sagen könnte."

Seit Jahren hat Opa nicht solchen Wirbel erlebt. Unglaublich, was alles erledigt werden muss. Nur gut, dass die Kinder sich darum kümmern. Er fühlt sich überflüssig und alleine. Tage später fährt die Familie zum Friedhof. Helga überprüft vorher alle. Sie steckt ihm ein frisches Taschentuch in die Jackentasche und mustert nacheinander die Kinder. „Wie machen wir es", fragt Thomas. „Sicher stehen schon einige Leute vor der Trauerhalle. Bleiben wir zur Begrüßung stehen, oder gehen wir gleich hinein und setzen uns in die erste Reihe?" Opa schüttelt leise den Kopf. Niemand bemerkt es. So gehen sie stumm an den Wartenden vorbei. Opa spürt, dass Frau Schneider schon auf dem Sprung zu ihm ist, doch wegen der geschlossenen Vorwärtshaltung der Familie, nimmt sie sich schnell wieder zurück.

Allmählich füllt sich die Trauerhalle. Es ist sehr still. Wunderschöne Blumengebinde und Kränze umrahmen den Sarg. Die würden Elli erfreuen, doch ach,....Der Gedanke, dass sie darunter liegt, ist ihm fremd. Er schaut lieber weg, zu den beiden Kerzen. An einer der beiden bleibt sein Blick hängen. Das Licht flackert unruhig. Das Flackern scheint sich zu vergrößern und füllt seinen Kopf mit Licht und Bewegung aus. Licht und Bewegung, das ist alles, was Leben ausmacht, denkt er. Und dabei sieht er das Gesicht seiner Frau, wie es sich ihm zuneigt. Etwas Beruhigendes geht von diesem Gesicht aus. Ja, Ruhe, die gehört natürlich gleichermaßen zum Leben und mit diesem Gedanken schließt er die Augen.

Nach geraumer Zeit hört er ein Gemurmel im Raum. „Ich muss auf die Toilette" sagt er zu seiner Tochter. „Ich komme mit Dir", antwortet Inge. Einige Sprachfetzen treffen ihn auf seinem Weg nach draußen. „Wo bleibt der Pfarrer?" „Schon eine halbe Stunde darüber." Bevor Inge ihn in ein Häuschen schiebt, sagt sie: „Ich laufe schnell hinüber zum Pfarrhaus und höre, wo er bleibt. Ich bin gleich zurück." Nach ein paar Minuten will Opa zurück, doch Inge steht nicht mehr vor der Tür. Er setzt sich draußen auf eine

Bank. Unterdessen klingelt Inge den Pfarrer aus dem Haus. „Wieso 14.00 Uhr? Ich habe 15.00 Uhr notiert." Eilig hängt der sich die Sutane über und greift in eine Terminmappe, aus der er den passenden Text hervorzieht. Inge und er laufen in schnellem Gleichschritt zur Trauerhalle hinüber. Sie bleibt fest an seiner Seite. Durch das Portal, an den Bankreihen vorbei, strebt sie zu ihrem Platz. Jetzt erst sieht sie Opas leeren Platz. Oh wie peinlich, ich muss ihn hereinholen! Zu spät, die Musik setzt ein. Der Pfarrer beginnt seine Rede. Inge ist in Gedanken bei ihrem Vater draußen vor der Tür, doch sie bleibt bewegungslos sitzen. Schließlich kommen vier schwarzgekleidete Männer und tragen den Sarg nach draußen. Ich muss Opa einfangen, denkt Inge. Unbemerkt von den schleppend daherkommenden Trauergästen, holt sie ihn von der Bank an ihre Seite.

Am Familiengrab angekommen, wird der Sarg samt dem Blumengebinde darauf, vorsichtig heruntergelassen. Die Erde liegt ausgeschaufelt an drei Seiten in einem Wulst um das ausgehobene Rechteck herum. Nur an der Frontseite kann jeder nahe an die Öffnung herantreten. Für Opa hat man in vorderster Reihe einen Gartenstuhl aufgestellt. Nachdem der Pfarrer geendet hat, wird er als Erster aufstehen, ein kleines Gebet sprechen, drei Schaufeln Erde im Namen des Vaters, des Sohnes und des Heiligen Geistes, auf den Sarg werfen und ein paar Blümchen, die Inge ihm in die Hand gedrückt hat, hinterher. Doch Opa steht nicht auf. Es entsteht eine Pause. Die Trauergäste recken schon die Köpfe, um zu erkennen, warum die Zeremonie unterbrochen ist. Doch für Opa wäre es gefährlich, aufzustehen. Die dünnen vorderen Stahlrohrbeine seines Stuhles bohren sich stetig tiefer in die weiche Erde. Sein Körper hängt schon gefährlich schräg über dem Grab. Er spürt den sanften Abwärtsdrang. Er sieht sich schon hinabstürzen, auf die Blumen, auf den Sarg. „Achtung Elli, ich falle auf Dich!" schießt es ihm durch den Kopf und dieser Gedanke lähmt ihn. Er ist unfähig einen Ton herauszubringen und ebenso unfähig, sich gegen die Abwärtsbewegung zu stemmen, sich zurückzulehnen. Endlich packen Thomas und Helga zu. Sie heben den Stuhl samt Opa vorsichtig aus dem Erdreich und lassen ihn etwas zurückgesetzt wieder nieder. Später kommen alle Nachbarn und Freunde an ihm vorbeigezogen, um Beileid und Mitgefühl auszusprechen. Frau Schneider aber sagt etwas mehr: „Eine schöne Trauerfeier war das, der Pfarrer hat wunderbar gesprochen. Ich komme Sie bald besuchen." Ihr freundliches Verständnis ist nun seine ganze Hoffnung.

## Das Kind ist plötzlich weg

Anfang der 70er Jahre stehe ich mit meinem kleinen Sohn an der Straßenbahnhaltestelle Marbachweg Ecke Gießener Straße. Ausgestiegen sind wir aus der Linie 7, die hier dreht, um zurückzufahren und warten auf die Linie 13. Hinter uns dehnt sich der nördlichste Bereich des Hauptfriedhofs aus. Hier ist es nicht mehr so eng und überlaufen wie auf der Zeil in Frankfurt, wo wir einkaufen waren. Hier kann sich das Kind spielend bewegen. Prompt kickt er Steinchen. Als das nicht ausreicht, wirft er einige Steinchen über den Zaun und klirr trifft er einen alten Grabstein. An der Hand bleibt er nun einmal nicht und vom antiautoritären Kindergarten ist er viel Freiheit gewohnt. Es ist schon später Nachmittag und wir wollen nach Hause in die Hoherodskopfstraße in Preungesheim. Schon kommt die neue Linie 13 ganz windschnittig angesaust. Bei den alten Wagen blieb der Einstieg immer offen und als Schülerin bin ich manchmal in letzter Minute aufgesprungen. Hier öffnen sich die Türen automatisch, sage ich halblaut. Ich hebe das Kind die beiden Stufen hoch in den Wagen. In diesem Moment rutscht ein Papier aus meiner offenen Handtasche. Ist es wichtig? Ich bücke mich und ziehe das Papier unter dem Trittbrett aus dem Straßengraben hervor. Unwichtig, denke ich noch. Da sehe ich mit Entsetzen, dass inzwischen die Tür wieder zugegangen ist. Ich hämmere gegen die Glasscheiben. Nichts.

Ich schreie laut. Der Fahrer soll mich hören und sehen. Nichts. Der Wagen setzt sich in Bewegung und fährt hinauf zur Homburger Landstraße. Ich renne hinterher, doch vergeblich. Ich laufe quer über die Kreuzung, wo dank der hier stationierten Amerikaner mehrere Taxis stehen. Mit den Worten „Bitte schnell der Straßenbahn hinterher", springe ich in einen Wagen. „Mein Kind ist da drinnen und ich bin nicht mehr mitgekommen." „Wie alt ist ihr Kind?" Fragt der Taxifahrer teilnehmend. „Fünf Jahre" antworte ich und stiere nur auf das Heck der Bahn. „Wenn er aussteigt, werden wir ihn sehen."

Aber andere Leute steigen aus z.B. am Gefängnis oder dann an der Kreuzstraße, wo Mathias den Metzgerladen und die Apotheke wiedererkennen könnte. Dann kommt der Ronneburgweg. Die Haltestelle ist von einer kleinen Drogerie markiert. „Hier muss er aussteigen, sonst fährt er weiter durch die Felder nach Berkersheim. Ich bitte den Taxifahrer anzuhalten. Wieder nichts. Mathias steigt nicht aus. Die Bahn aber fährt nun abseits der Straßen. Da kann kein Auto hinterher. Ich bezahle den Chauffeur und laufe eine kurze Stichstraße zu unserer Wohnung. Wild schwirrt es mir im Kopf. Am Telefon suche ich den Anschluss an die Städtischen Verkehrsbetriebe Frankfurt. Tatsächlich habe ich nach ganz kurzer Zeit die Einsatzleitung an der Strippe. Ein freundlicher Herr versteht mein Problem, doch meint, dass ich warten müsse, bis die Bahn in etwa zwanzig Minuten aus Berkersheim zurückkäme. Dann solle ich dem Fahrer ein Zeichen geben und die Wagen in aller Ruhe absuchen. Der Filius würde sicher friedlich drinnen sitzen". „Ja, ja, so wird es sein. Danke"!

Wieder laufe ich hoch zum Ronneburgweg. Nach einigem Warten kommt die Linie 13 quietschend aus den Feldern. Ich mache es, wie empfohlen, gestikuliere mit dem Fahrer, der macht die Tür auf. Ich suche den Wagen schnell ab, laufe nach hinten, durchsuche den zweiten Wagen, laufe weiter nach hinten. Auch der dritte und letzte Wagen ist ohne Mathias. Ich springe wieder hinaus. Mein Kopf ist leer. Ich kann überhaupt nicht mehr denken. Laufe wie in Trance durch die schmale Stichstraße zurück zur Hoherodskopfstraße. Links eine Mauer, rechts üblicherweise grasende Schafe im Garten, die ich nicht sehe. In meinem Kopf gibt es nur Homburger Landstraße, Kreuzstraße, Ronneburgweg. Auf dieser Strecke muss er doch aussteigen. Allmählich regt sich wieder etwas Hoffnung. Vielleicht, ja vielleicht ist er schon viel früher ausgestiegen, gleich nachdem er gemerkt hat, dass Mutter nicht mitgekommen ist. Nur haben wir den kleinen Fußgänger vom Taxi aus nicht gesehen. Ja, vielleicht ist er über mehrere Stationen zu Fuß nach Hause gelaufen und steht schon längst vor der Tür. Ich beschleunige meinen Schritt. Schnell nach Hause. Das Kind ist klug. Es kommt in jedem Fall dort an. Doch in der Hoherodskopfstraße ist es wieder still, niemand zu sehen. Kein Kind nirgendwo. Nur, da vorne bewegt sich ein alter Mann mit einem Kind an der Hand. Das könnte er sein. Ich renne ihnen entgegen und in der Tat. Der Mann übergibt mir freudestrahlend mein Kind. „Ich habe nur erst meine Aktentasche nach Hause getragen und meiner Frau Bescheid gesagt", erklärt er. Ich hätte ihm das Gesicht zerkratzen mögen für seine Dummheit. Hätte er nur das Kind machen lassen und alles wäre gut gelaufen. Aber dummerweise hat er es nur gut gemeint. Ich herze und drücke mein Kind ganz fest und sobald wir drinnen sind frage ich, wie es ihm geht und ob er aufgeregt war? Nein, aufgeregt war er nicht, gibt er zur Antwort. „Hättest Du den Weg auch alleine gefunden"? „Na klar, aber der Mann war so nett, deshalb bin ich mit ihm gegangen". Jetzt aber will ich kein Aufklärungsgespräch führen über böse Männer. So einer war schließlich auch nicht im Spiel.

## Schuldlos

„Nein, Mutter nein"! schreit Moritz aus vollem Halse. Er müht sich sehr, seine Stimme herauszubringen. Als er endlich die Augen aufmacht, liegt die Herbstsonne schon mit einem dicken Strahlenbündel, das sich scharfkantig, wie ein Säbel durch den Rollladen hindurch über die Schrankwand zur Tür schlägt, in seinem Zimmer. Das schreckliche Bild in seinem Kopf, war nicht die Wirklichkeit, sondern ein böser Traum gewesen. So einen Unsinn, denkt er jetzt. Wie konnte ich nur so etwas träumen. Er hatte gesehen, wie seine Mutter im Bad stand. Mit Vaters Rasierapparat schor sie sich den Kopf kahl. Zentimeter für Zentimeter kam weiße Kopfhaut zum Vorschein. Es schauderte ihn noch immer bei dieser absurden Vorstellung. Mutter, ruft er jetzt mit seiner normalen Stimme. Wie viel Uhr haben wir? Keine Antwort. Moritz reibt sich die Augen und schaut auf den Wecker auf seinem Nachttisch. 8.15 Uhr zeigt dieser an. Moritz nimmt die Uhr in die Hand, schaut aus der Nähe, schüttelt die Uhr, doch es bleibt bei 8.15 Uhr. Schnell saust er aus dem Bett. Auf dem Weg ins Bad sieht er, dass die Küche leer ist. Butter, Marmelade, Honig stehen auf dem Tisch; zwei Scheiben Toast im Toaster. Ein Töpfchen, wahrscheinlich mit Milch zum Heißmachen auf dem Herd. Schnell putzt er sich die Zähne und schlüpft in seine Kleider.

Nichts wie den Ranzen packen und im fliegenden Galopp die Treppe hinunter. Mit einem lauten Knall fällt die Tür hinter ihm ins Schloss. Schlüssel, Schlüssel, herrjeh, habe ich überhaupt den Schlüssel? Er kramt im Anorak, wo er schließlich den Schlüssel ertastet. Gott sei Dank, denkt Moritz und rennt die Straße hinunter. Vielleicht schafft er die S-Bahn um 8.45 Uhr. Dann wäre er genau eine Stunde zu spät. Was fällt für ihn aus? Nein, ausgerechnet deutsch. Mit dem Deutschlehrer ist nicht zu spaßen. Den langen roten Zug sieht er bereits auf den Gleisen hinter dem Bahnhof stehen. Die kleine Stadt ist die Endstation der S-Bahn und deshalb sind die Haltepausen hier oft länger als an Durchgangsbahnhöfen.

Er hetzt an einem wartenden Taxi vorbei, über den Vorplatz der Bahnhofsgaststätte, als die Tür von innen geöffnet wird und zwei Männer, die ihre Nachtschicht beendet haben, herausstolpern. „He, Junge, Du"? „Ja Vater, ich muss ganz schnell zur Schule". „Papperlapapp, was heißt da, ich muss ganz schnell. Ich sage Dir, was Du musst. Deinen Vater begrüßen, das musst Du. Hast Du überhaupt gefrühstückt"? Nein, eigentlich nicht, ich bin zu spät dran. „Nun, dann komme erst einmal mit herein. Ohne ein gescheites Frühstück geht mein Sohn nicht in die Schule". Mit diesen Worten drückt Herr Albrecht seinen Sohn in die Gaststätte. Der zweite Herr entfernt sich mit einem „Tschüs, bis morgen also". "Hallo, Herr Wirt, wir sind es wieder. Mein Sohn braucht ein ordentliches Frühstück mit Würstchen, Speck und Eiern, Sie wissen schon, was ich meine". „Das dauert aber einen Augenblick". „Vater, ich muss aber jetzt gehen, denn der Lehrer wird sehr streng, wenn wir zu spät kommen". „Wenn du aber in der Schule sitzt ohne etwas gegessen zu haben, dann wird es dir flau im Magen. Vor lauter Hunger kannst du überhaupt nicht aufpassen und davon hat dein Lehrer dann auch nichts. Schließlich bekommst du noch eine schlechte Note, nur weil dir übel ist". Übel wurde es Moritz sowieso und zwar bei dem pfeifenden Ton, mit dem sich die S-Bahn gerade aus dem Bahnhof entfernte. Als er wieder in die Augen seines Vaters blickt, kommt ihm die erlösende Idee. „Wenn ich aber mehr als eine Stunde versäume, dann brauche ich eine Entschuldigung, sagt er zu ihm". „Dann schreibe ich dir eben eine Entschuldigung, das dürfte kein Problem sein. Herr Wirt, einen Kugelschreiber bitte. Ja, danke. Hier die Serviette wird gut dafür sein". Herr Albrecht zieht die Stirn in Falten und beginnt nach kurzem Bedenken auf die Serviette zu schreiben: Sehr geehrter Herr, „wie heißt eigentlich Dein Deutschlehrer"? „Führer" heißt er. „Führer also wie unser ehemaliger Führer Adolf Hitler"? „Nun, er heißt nicht Hitler, sondern Führer". „Ja, ja, er heißt also so, ich meine sein Name ist gleich dem, was Hitler für uns war. Also schreibe ich:

Sehr geehrter Herr Führer,

Ha, ha! Der Herr Führer führt meinen kleinen Moritz durch die deutsche Sprache. Als wenn wir nicht alle von Kindesbeinen an deutsch könnten. Das lernt man sozusagen mit der Muttermilch, so ganz nebenbei". „Das Schreiben Vater, aber das richtige Schreiben will gelernt sein. Man macht sonst zu viele Fehler. Bei meinem letzten Aufsatz hatte ich Ausdruck gut und Orthografie nur ausreichend". „Das Schreiben habe ich mir sozusagen beim Zeitung lesen selbst beigebracht. Also, was sage ich Deinem Herrn Führer?

Leider konnte mein Sohn Moritz heute aus gesundheitlichen Gründen nicht pünktlich sein". „Ich bin aber doch nicht krank", gibt Moritz zu bedenken. „Ja, aber ohne Frühstück in die Schule zu gehen, schlägt auf die Gesundheit und macht krank. Lass mich nur machen, das ist schon in Ordnung. Mit freundlichen Grüßen, Günter Albrecht. Hier hast du deine Entschuldigung". Moritz steckt die Serviette vorsichtig zwischen die Hefte in den Schulranzen. Im selben Augenblick kommt auch ein großer dampfender Teller auf den Tisch. Gelbes Rührei wickelt sich wolkig um rote gegrillte Wurststücke. „Das sieht aber appetitlich aus. Lass es dir schmecken. Niemand soll sagen, dass mir nicht das Beste gerade gut genug für dich wäre". „Ja Vater". Nach einer kurzen Weile, der Teller ist noch zur Hälfte gefüllt, dankt Moritz seinem Vater und will sich verabschieden. „Nein, Nein" schalt dieser. „So geht das nicht. Du sollst schon ordentlich essen, damit du ein ganzer Mann wirst". „Das werde ich, mache dir darüber keine Sorgen" antwortet Moritz mit einem gleichzeitigen Griff zur Schultasche. „Dann muss ich ja den ganzen Rest selbst aufessen. Herr Wirt, ein Bier bitte". Das war das Letzte, was Moritz von seinem Vater hörte.

Der Lehrer nimmt die Entschuldigung entgegen und verwahrt sie mit einem leisen Kopfschütteln, in einem dicken Buch, ohne ein Wort darüber zu verlieren. Nach einem kurzen Blickkontakt zu seinem Freund Dirk, der zu sagen scheint, was ist passiert? antwortet Moritz nur mit den Augen, es ist alles o.k. und damit beginnt für ihn ein ganz normaler Schultag.

In der Pause verabreden Dirk und Moritz, dass sie nach der Schule zusammen nach Steinberg fahren wollen, wo die Familie Weidrich ein Reihenhaus mit kleinem Garten besitzt. Moritz geht gerne mit dorthin. Man ist dort schnell draußen bei den Pferden und am Bach. Im Garten kann man Kricket spielen und bei den Hausaufgaben sitzen sie meist dicht nebeneinander. Klar, da wird hin und wieder auch Quatsch gemacht. Aber sie schaffen sich gemeinsam auch ganz gut durch die schulischen Texte und Zahlen.

Als erstes aber, informiert Moritz telefonisch seine Mutter, dass er mit nach Steinbach gefahren sei und dass sie nicht mit dem Essen auf ihn warten solle. Seine Mutter hat nichts dagegen und bittet nur, dass er um 7 Uhr abends zu Hause sein möchte.

Doch irgendwie geht das heute nicht gut mit Dirk. Der ist so ausgelassen, so albern, so idiotisch kindisch und hat nur eines im Sinn, ihn zu ärgern. Deshalb verabschiedet sich Moritz schon am Spätnachmittag und sagt, er müsse nach Hause fahren. „Aber Dein Bus geht doch erst um 18.45". „Dann nehme ich eben den Bus um 17.45 Uhr". „Aber der fährt gerade ab". „Ich versuche es trotzdem, vielleicht hat er Verspätung", und schon fällt die Haustür ins Schloss.

Der Bus war tatsächlich schon weg. Moritz geht zu Fuß. Zwischen Wiesen mit Obstbäumen auf der einen und Maisfeldern auf der anderen Seite, marschiert er die Landstraße entlang. Noch ist es hell genug. Die Autos können ihn gut sehen. Im Fitness Center und in der Squash Halle drüben am Waldrand brennt allerdings schon Licht. Die knorrigen Apfelbäume werden stetig dunkler und bizarrer. Das Obst ist längst geerntet. Der Rest liegt faulend, mal als gelber, mal als roter Kreis unter den jeweiligen Bäumen. Einzelne Früchte halten sich noch als leuchtende Kugeln im kahlen Geäst. Das Maisfeld steht als kompakte dunkle Wand. Jetzt ist

Moritz schon bei den ersten Häusern von Oberstuhlberg ange-
kommen. Er überquert die Hauptdurchgangsstraße. Hier wäre er
normalerweise aus dem Bus ausgestiegen. Er kommt an eine steile
Treppe mit zwei abwärts geschwungenen eisernen Handläufen.
Zwischen den Handläufen sind zwei Führungsschienen für Fahr-
räder oder Kinderwagen. Da hört er über sich ein langgezogenes
Krierierie. Der Ton setzt ab, kommt wieder, setzt ab und kommt
wieder. Moritz schaut hoch zum Kirchturm. Dort steht ein golde-
ner Hahn im immer noch blauen Himmel, während hier unten
am Boden schon alles in dunkele Schatten getaucht ist. Nein, die
Hühner des Bauern sitzen längst im Verschlag auf ihren Stangen.
Ein scharfes Bremsen, ein LKW wird es gewesen sein, schießt es
Moritz durch den Kopf. Jetzt geht er an dem Außengelände des
Kindergartens entlang, wo man kaum noch die Spielgeräte erken-
nen kann. Er weiß natürlich, wo das Klettergerüst, die Kletterburg
und die Schaukelpferde im Sand stehen. Plötzlich stolpert er und
findet sich inmitten eines Sperrmüllhaufens. Hier hat der letzte
Bauer im Ort wohl seinen Sperrmüll abgelegt. Um sich herum
erkennt er Regalteile, Schubladen, ein kaputtes Sofa, zwei Matrat-
zen und anderen Kram. Moritz rappelt sich auf und stellt fest,
dass er sich nicht wehgetan hat. Etwas unwirsch geht er weiter bis
zu dem Parkplatz der Metzgerei Groß. Dem Parkplatz gegenüber
und direkt neben der Metzgerei, ist sein Hauseingang. Er läuft

hinüber und hält mitten im Lauf inne. Im Eingang, drei Stufen hoch, steht jemand vor der Tür. Ein dunkler Mensch. Moritz geht zurück auf den Parkplatz und überlegt, wer das wohl sein könnte. Er stellt sich vor die überdachte Tür des Kühlhauses von Metzger Groß. Mit dem Rücken drückt er sich so fest daran, dass er den Öffnungshebel zwischen den Rippen spürt. Darüber sind ein tief liegender, wasserdichter Lichtschalter und noch etwas höher ein Temperaturanzeiger angebracht. Ob die Temperatur drinnen im Kühlhaus ansteigen würde, wenn er versehentlich den Lichtschalter anknipste und so das Licht viele Stunden an wäre? Er rückt etwas von der Wand ab. Als er wieder zum Wohnhaus hinüber schaut, sieht er in Brusthöhe der schwarzen Gestalt etwas aufblitzen. Etwas Silbernes, so groß wie eine sehr große Münze. Was ist das? Eine Pistole vielleicht? Wieso hat der Mensch überhaupt kein Gesicht? Er ist von Kopf bis Fuß dunkel. Sicher trägt er eine Maske. Na klar, er hat einen Strickstrumpf über den Kopf gezogen. So kann ich nicht hinüber, obwohl ich auf das Klo müsste, denkt Moritz. Was will der nur in unserem Hauseingang? Die kleine Bankfiliale, auf die es Bankräuber abgesehen haben könnten, ist doch mindestens 200 m weiter. Unentschlossen geht Moritz auf und ab. Er braucht einen Stock. So einen, wie sein großer Bruder ihm einst auf die Bettdecke gelegt hatte, als er noch klein und ängstlich war, wenn seine Eltern abends ausgegangen sind.

Schließlich steht er wieder vor dem Sperrmüllhaufen des Bauern und findet einen abgebrochenen Stiel mit einer kleinen roten Eisenschaufel daran. Wofür braucht man denn so etwas, fragt er sich und nimmt ihn mit. Als er zurückkommt, ist das Bild vor seiner Haustür unverändert. Eine dunkle Gestalt mit einem silbrigen Pistolenlauf in Brusthöhe nach außen gerichtet. Angriff, denkt Moritz, der Kerl muss sich bewegen, muss ausweichen, sich wo anders hinstellen. So nimmt er allen Mut zusammen und mit einem Indianergeheul, so schrecklich wie er es noch nie aus der eigenen Kehle gehört hat, stürmt er auf den Hauseingang zu, den Stock mit der kleinen Schaufel daran, wie ein Bajonett vor sich hertragend. So sieht er Napoleons Garden angreifen und augenblicklich ist er einer der Filmhelden. Doch vor ihm regt sich noch immer nichts. An den Treppenstufen angekommen, erkennt Moritz plötzlich, dass der Mann ihm den Rücken zukehrt. Beweg Dich, rühr Dich, sag' was, schreit Moritz vorwärts stürmend in den Mann hinein mit der hochgehaltenen Schaufel. Ein Männerschrei, lauter als sein eigenes Gebrüll zuvor, zerreißt die Luft, prallt gegen Häuserwände, windet sich hinauf und schleicht über die Dächer davon. Gleich darauf schreit auch noch eine Frau. Ein Regenschirm hüpft die Stufen hinunter, öffnet seine schwarze Rundung und Moritz sieht den silbernen Knopf in der Mitte. Der Mann stürzt gekrümmt vor Schmerz die Stufen herunter und als er still auf dem Rücken liegt, ist es der Metzgergeselle. Seine Hose ist bei dem Sturz wohl aufgerissen, denn Moritz sieht die weiße Unterhose. „Schnell einen Krankenwagen" ruft seine Mutter und am Fenster oben antwortet Frau Michels, die eine Etage unter ihnen wohnt. „Ich laufe schon zum Telefon". „Wie kommst Du nur auf eine solche Idee? Marsch, geh' nach oben", sagt seine Mutter zu ihm und beugt sich aufgeregt jammernd über den Metzgergesellen auf der Straße. Moritz geht nach oben, hockt sich auf die Toilette und weiß, dass er alles falsch gemacht hat. Er grübelt und grübelt und sagt nur immer wieder vor sich hin: „Warum nur hat er sich nicht umgedreht; nein, ich kann das alles nicht verstehen". Am nächsten Tag steht in der Presse: Familiendrama – Schüler verletzt den Liebhaber der Mutter schwer mit einer Eiskratze!

# In der Hitze der Nacht

Halt's Maul!
Da vorn' spielt die Musik!"

„Ich wollt' nur sagen,
hinten ist ein Mädchen umgekippt" –

„Sei endlich still!
Was scheren mich
die nervenschwachen Weiber.
Zieh' Dir lieber einen rein,
dann bist Du vielleicht still."

„Ich dachte nur,
ich sah sie vor'ge Woche noch mit Dir."

„Das kann schon sein;
ich sag' zu Frauen selten nein.
Nun aber halt' die Klappe,
nerv mich weiter nicht,
Die Post geht eben ab,
sei still, ich warne Dich!"
„Sie trägt so `nen verrückten Hut,
gelb mit pink und einem Äffchen dran."

„Was sagst du da?"
„Nun ja, sie liegt am Boden dort
ganz hinten unterm Stadiondach."
Das gibt's doch nicht, das ist Angelika!

Komm, halt den Joint,
ich muss dort hin!"
„Du kommst nicht durch;
steig übern Zaun, renn draußen lang –
steig hinten wieder ein,
vielleicht erwischst Du sie."

Da sieht er, wie die Trage mit dem Hut
in einen Krankenwagen rutscht,
schnell klappt die Tür. –

Das Auto schiebt
sich langsam in die Fahrbahn ein.
Schon flackert blau das Licht,
Bricht ein Geheul
die sowieso schon laute Nacht,
gewinnt für einen Augenblick
den Zweikampf mit der Band,
bis es verebbt.
„Ein Taxi schnell!

Zum Krankenhaus Nord-West - -
Wo geht's zur Ambulanz?"

„Den Gang nach hinten, rechts den Lift,
dann zwei Etagen tief.

„Wohin der Herr?"
„Soeben wurde eine Frau hierher gebracht.
ihr Name ist Angelika.

Ich möchte wissen, wie's ihr geht."

„Sind Sie verwandt?"
„Nein, nicht direkt."
„Dann tut's mir leid,
Hier auf der Intensiv Station
kommen nur Verwandte rein.

„Wir waren doch ein Paar,
Sie wissen schon –
Könnten Sie mich deshalb nicht
als angehörig nennen?"

„Wohl kaum! Doch wissen Sie,
ob die Patientin Drogen nahm?"
„Nein, nie hat sie so etwas angerührt,
nur deshalb war sie nicht bei mir,
sondern stand weit hinten."

„Ihrer Freundin geht es schlecht.
Ein Wunder müsste schon geschehen,
damit sie überlebt.
Ausnahmsweise lass' ich sie zu ihr."

„Angelika, mein Liebes, Du,
Engel, bitte bleib bei mir.
Ich rühre nie mehr Drogen an;
wenn du es schaffst, bin ich Dein Mann."

Als wär' es eine Antwort,
ändern ihren Rhythmus die Signale.
Langsam kriecht die Schrift am Schirm.
Flacher sind die Giebel jetzt,
schließlich Striche nur -
Dann ein Piepsen ohne Ende. –

„Wie das, warum, wieso?"
„Kommen Sie!
Erklärung bringt die Autopsie."

„Wozu denn das?"
„Wir müssen klären,
ob sie Hitze nicht vertrug
oder sich den Kopf aufschlug
oder ob die Tritte wilder Tänzer
sie so schwer verletzten."

„Ist das nicht total egal?
Es zählt nur eins,
Angelika, sie lebt nicht mehr!"

## Endlich Ferien

Monatelang wälzten wir Prospektmaterial. Im Frühjahr hat Tibor uns unerwartet die verlockende Idee von einem Urlaub im Vier-Sterne Familienhotel auf den Kanaren unterbreitet. Tibor sprach von einer Sonderzahlung, die er erwartet. Von dieser Stunde an beschäftigten sich unser Sohn und ich nun mit dieser fantastischen Idee. Wir studierten Kataloge, Möglichkeiten des Freizeitsports, schöne Landschaften mit Badestrand am blauen Meer. Wir erschufen uns den Traum davon, wie ein feudales Urlaubsleben aussehen könnte.

Wir warteten an all den schönen Tagen des Sommers. Gingen zum Baggersee und träumten, es sei das Mittelmeer. Schließlich, im Oktober, unsere Ideen waren bereits verblasst, überraschte uns Tibor mit der Nachricht, dass nun das Geld eingegangen sei. Wir entschieden uns für eine bestimmte Reise; packten Koffer, meldeten die Zeitung ab und gaben unseren Wohnungsschlüssel der Nachbarin. Kevin redete nur noch vom Surfen, was Vater ihm auch versprach.

Ich selbst wollte auf dem hiesigen Postamt noch etwas Handgeld für die Reise besorgen. Eine Menschenschlange wartete bereits vor mir. Mein Blick wanderte an der mit Verpackungsmaterialien bestückten Wand entlang. Danach blieb mein Blick an drei Phantomfotos, d.h. nebeneinandergezeichnete Männergesichter, hängen. Schmal und nordeuropäisch das eine, eher slawisch breit und rund das andere und ein südländischer Typ das dritte Gesicht. Das Wort „Banküberfall" stand darüber und darunter: „Wer diese Männer kennt, möchte sich bitte unter einer bestimmten Telefon Nr. melden". Irgendwann hatte ich mein Geld und am nächsten Tag saßen wir im Flugzeug.

Unser Hotel, umgeben von einem Park mit Ausgang zum Meer, war atemberaubend schön. Alles war einfach noch schöner, als wir es in unseren kühnsten Träumen erdacht hatten. Es tat so unbeschreiblich gut, sich verwöhnen zu lassen. Nur, wenn ich dösend im Liegestuhl neben meinem Mann lag, kamen mir die Phantombilder wieder in den Sinn. Heimlich verglich ich sein Profil mit dem Bild des südländischen Typs. Doch Frontalzeichnung und Profil konnten niemals ein Gleiches ergeben. Ärgerlich über meine Phantastereien sprang ich zum Abkühlen in den Swimmingpool.

Nach 14 Tagen Traumurlaub fuhren wir im Taxi wieder vor unserem Haus vor. Jeder von uns schnappte sich ein Gepäckstück und schleppte es die Treppe zu unserer Wohnung hinauf. Was soll das? Zwei Polizeibeamte lümmelten vor unserer Tür herum. Hatte man bei uns eingebrochen? Die Nachbarin stand auch dabei und überreichte mir unseren Schlüssel. Kopfschüttelnd war ich sogleich mit all unseren Sachen und unserem Sohn Kevin drinnen in der Wohnung. Tibor jedoch, zusammen mit den Polizisten, war schon auf dem Weg zum Verhör im Revier. Der Vorwurf: Beteiligung an einem Banküberfall. Mein Gott, musste das sein? Der Baggersee war doch auch recht schön.

**Ein neues Gemälde**

Ehepaar Böttcher sitzt gerade beim Sonntagsfrühstück, als es klingelt. Herein kommt der Nachbar Manfred, der Herrn Böttcher zum Waldlauf abholt.

„Oh, was sehe ich da, - ein neues Gemälde?" „Ja", antworten Herr und Frau Böttcher gleichzeitig. „Das haben wir überraschenderweise gestern erworben", setzt Frau Sylvia hinzu. „Das Bild passt gut dort hinten in die Ecke. Seitlich über dem schwarzen Flügel unterstützt es das schwarz-weiß-graue Farbspiel. Mit dem weißen gewellten Rahmen wächst es förmlich aus der weißen Wand heraus". „Schön, dass es Dir gefällt. Mehr dazu erzähle ich Dir draußen beim Laufen".

Während die beiden auf sonnigem Kies leicht bergauf rennen, beginnt Helmut Böttcher zu erzählen: „Gestern packten wir unsere Räder aufs Auto und fuhren an den Main. Wir wollten im Gasthaus -Zum Schiffchen- in Rumpenheim essen und dann Richtung Hanau, Aschaffenburg weiter radeln. Doch das Schiffchen war leider wegen Umbauarbeiten geschlossen. So setzten wir uns erst einmal auf eine schattige Bank. Hier hatten wir sowohl die Autofähre, die an einem Drahtseil entlang läuft, damit sie die Richtung behält und nicht von der Strömung abgetrieben wird, als auch das wieder errichtete blütenweiße ehemalige Schloss im Blick. Heute beherbergt es moderne Wohnungen der gehobenen Preisklasse für Eigentümer.

Es war beinahe Mittagszeit und wir überlegten, wo wir etwas zu Essen bekämen. Schließlich gingen wir um das Schloss herum und sahen zu unserer Überraschung, dass auf der gesamten Fläche des mit Rasen begrünten Innenhofs Kunst ausgestellt wurde. Eine lockere Mischung aus meist mittelhohen Plastiken aus Stahl, Holz und/oder Stein. Die Eingänge zu den kleinen Wohnungen rund um den Innenhof führten zu den verschiedenen Galerien. In den früheren Wohnräumen der Dienerschaft, den Stallungen und dem Marstall waren also Künstler eingezogen. Auch die hübsche Schlosskirche am Eingang des Parks war geöffnet und an allen Seitenwänden, bis hinauf zur Empore waren Gemälde ausgestellt. Plötzlich standen wir vor dem Bild, das du bei uns gesehen hast. Beide, Sylvia und ich, wir wussten auf Anhieb, dass dieses Bild zu uns gehört. Ein Sehnsuchtsbild sozusagen. Die weiße Stadt am Meer ohne die übliche kitschige Szenerie. Die beiden Giebelseiten mehrgeschossiger Häuser stehen sich gegenüber. Dazwischen führt ein schmaler schattiger Weg hinaus ins Grüne, in die Natur, vielleicht gar zum Meer. Darüber ein azurblauer Himmel. Keine Menschen, keine Tiere, nur ein Versprechen, dass dahinter, hinter den Wänden der Häuser, ein Paradies sein müsste. Ein harmonisches Bild, das nicht Idylle abbildet, sondern Möglichkeiten zur Idylle durch Andeutung erahnen lässt.

Das Geld hatte ich natürlich nicht in der Hosentasche. Wir verhandelten mit dem Maler. Nein, auf Rechnung mitgeben, das könne er nicht. Er sei morgen, am Sonntag auch noch da. Er könne reservieren, mehr nicht. Doch wir wollten das Bild haben, möglichst gleich mitnehmen und nicht für 24 Stunden ca. 100 km zwischen uns lassen. Ob wir eine Scheckkarte dabei hätten, fragte uns unvermittelt der Maler". „Haben Sie denn ein entsprechendes Gerät hier" fragte ich erstaunt. „Nein, natürlich nicht. Aber in Mühlheim an der Tankstelle gibt es einen Geldautomaten." „Ah so, das könnte funktionieren", meinte ich. Schnell gingen wir an unser Auto. Dort hatte ich meine Brieftasche unter die Fußmatte gelegt. Nur eine kleine Geldbörse trug ich in der Hosentasche mit mir herum. Nun hieß es doch noch Radfahren am dem schön mit großen Steinquadern gesäumten und mit Weidenbüschen und Bäumen begrenzten Main entlang. Uns zur Seite fuhr streckenweise ein Kohlekahn, so groß, wie ich ihn noch nie bisher gesehen hatte. Zwei Kähne waren aneinander gekoppelt. Jeder Kahn hatte zwei jeweils zu einer hohen Spitze aufgeschüttete Berge Kohle geladen. Das kielförmige Ende des Kahns bestand aus einer rein weißen Führungskabine, wo ein Kapitän seine Ladung nicht zog, sondern schob. Wie man damit um Kurven und Biegungen dieses Flusses kommt, ist schon faszinierend. Mangels einer Tasche verstaute ich das bisschen Geld sowie die Kreditkarten in die kleine Sattelta- sche unter dem Fahrradsitz. „Ein Glück, dass Dir niemand an- sieht, wo du dein Vermögen versteckst", sagte Sylvia. Wer wird schon einem harmlosen Radfahrer, wie sie zu Hunderten hier ent- lang fahren, etwas Böses wollen, dachte auch ich. Dennoch schaute ich vor allem junge Skateboarder genauer an, ob sie im Stande wären, mich vom Rad zu schmeißen und zu beklauen.

Als wir zurück am Rumpenheimer Schloss waren, da hatte die Imbissbude bereits die Schotten dicht. Sylvia sagte, ihr sei ganz schwächlich zumute. Der Maler aber hatte auf uns gewartet. Er erhält sein Geld und wir verstauten das Bild auf der Rückbank des Autos. Die Sonne eines schönen Tages ging bereits hinter den Taunushügeln unter. Zu Hause angekommen, stellten wir das Bild erst einmal an der Stelle auf den Boden, wo es heute hängt. Zu aller erst mussten wir die letzten Reste aus dem Kühlschrank zusammensuchen, denn wir hatten mächtigen Hunger. Doch schon beim Kauen schaut Sylvia unentwegt hinüber zu dem Bild auf dem Boden. "Ich glaube ich weiß, warum uns das Bild so gut gefällt. Es drängt nichts auf. Es ist eine Möglichkeit der Interpre- tation, eine Anregung sich Bilder hinter dem Bild vorzustellen, denn Leben findet zwischen Bildern statt.

„Nun, ich will Euch Eure Begeisterung für dieses Bild überhaupt nicht schmälern", sagt Manfred, der Nachbar bevor er sich wieder verabschiedet. Aber sagen muss ich es doch: „Was denn, was gibt es"? „Ich war vor einigen Tagen in Frankfurt und habe nahe der Börse in einer Galerie genau dieses Bild als Fotografie gesehen. Darunter stand:

„Das Original dieses Bildes wurde gestohlen.

Falls man es Ihnen anbietet, melden Sie sich bitte".

„Das gibt's doch nicht und was machen wir nun"? „Ich würde mich mit dieser Firma in Verbindung setzen. Vielleicht gibt es die Möglichkeit, dass man Euch bei der Rückgabe einen Teil des Kaufpreises erstattet. Das Bild dürfte einen sehr viel höheren Wert haben". „Und wir haben uns schon so daran erfreut. So ein Pech! Ich muss es Sylvia sagen. Die wird sicher traurig sein". „Ja leider"!.

## Münzen und ihre Wege

Metallisch klackert im Nebenzimmer etwas auf dem Tisch. Mutter räumt das Bücherregal auf. Dabei hat sie eine alte Spar-Ente gefunden und ausgeleert. „Toll", sage ich. „Wirkliche Schätze, die du da gefunden hast." Ein Häufchen Kupfermünzen mit verschiedenen großen Silberstücken durchsetzt liegen vor uns. „'Was wolltest du damit", frage ich meine Mutter. „Nichts, Vater dürfte das Kleingeld aus seinem Portemonnaie in die Ente getan haben, damit ihm die Gesäßtasche nicht zu schwer wird". „Nun gut, es sind alte DM-Münzen. Die bekommst du zwar noch los, aber das ist mehr Aufwand, als die Sache Wert ist".

Ich schaufle ein wenig in den Münzen und lasse sie durch die Finger gleiten. Wie viele Menschen die wohl schon in der Hand hatten? Schau hier, eine Prägung von 1952. Wie vielen Menschen wurden diese Münzen hingezählt, als Trinkgeld in die Hand gedrückt, als Spende in einen Hut geworfen oder einer Friseuse in die Schürzentasche gesteckt. Nach wie vielen Jahren werden Münzen normalerweise wieder eingezogen, eingeschmolzen und neu geprägt"? „Dafür dürfte es keinen festen Zeitraum geben. Die Spuren des Gebrauchs müssen einfach so groß sein, dass die Bundesbank sie einzieht und ersetzt".

„Oder die Münzen verschwinden auf Nimmerwiedersehen in Taschen oder Spardosen. Sie gehen in der Welt verloren. Wie viele, glaubst du, werden mit einem Seufzer nach Liebe und Glück in Brunnen geworfen? Wie viele rutschen aus dem Täschchen der Badehose? Wie viele, die lose in Männerhosentaschen herumkullern, gleiten beim Sport heraus? Sie gehen über Bord beim Segeln und landen auf dem Meeresgrund, wo Fische schnuppern und weiterschwimmen. Oder sie fallen dem Mountainbiker aus der Tasche, fallen in den Graben lehmiger Fahrradwege, wo Wildschweine sie beschnüffeln und liegen lassen? Auch fallen Münzen jungen Müttern aus der Tasche, die sie unter den Kinderwagen geschoben haben, während sie diesen in die Straßenbahn heben. Klirr macht es dann auf der Schiene, wenn die Bahn darüber fährt und das Metall zusammenquetscht". „Sehr wenige Münzen, die den römischen Legionären aus schlecht zugezogenen Geldbeuteln rutschten, tauchen nach zweitausend Jahren als Kostbarkeit aus der Erde wieder auf", ergänzt nun Mutter. „Und die haben sogar archäologischen Wert", vervollständige ich. „Bei unseren Münzen auf eine derartige Wertsteigerung zu hoffen, überstiege aber unsere Lebenserwartung".

„Wollen wir die Ente wieder füllen und im Garten vergraben als Rätsel für nachfolgende Generationen"? „O ja, warum nicht deutsche Nachkriegsmünzen in unserer Heimaterde"?

## Das Bild im Schaufenster

In meinem Einkaufsstädtchen bummle ich am Schaufenster eines Traditionsgeschäftes für Bilderrahmungen vorbei. Immer stehen dort auch Bilder zum Verkauf aus. Mal sind es die kleineren Stadtansichten mit alten Fachwerkhäusern, Torbögen, Brunnen und der Silhouette von St. Ursula, eine auf der Anhöhe gelegene eindrucksvolle Kirche. Ein andermal strahlen den Passanten farbenfrohe Gemälde mit stilisierten Blumen entgegen. Auch erinnere ich mich an Bilder der Skyline Frankfurts oder, wahrscheinlich für das Weihnachtsgeschäft gedacht, die klassische Landschafts- oder Dorfidylle im dicken Goldrahmen.

Heute aber ist alles anders. Ich bleibe stehen und schaue auf ca. 55 x 65 cm Leinwand in ein Frauengesicht. Nein, nicht in ein Gesicht, sondern nur in die Teilansicht eines Gesichtes. Ich schaue in große schwarze Augen, in deren Iris sich die gegenüberliegende arabische Welt als Verkleinerung spiegelt. Einen Mann stelle ich mir ihr gegenüber vor, einen Mann, der diese Frau portraitieren darf. Die Augen der Frau haben ein Umfeld von braun pigmentierter Haut. Die einzelnen Lachfältchen und Poren seitlich der Augen sind deutlich zu erkennen. Die Augen selbst liegen in tiefen grünlichblauen Augenhöhlen. Ein wenig Stirn darüber und ein wenig Nase darunter bilden die horizontale Grenze des Gesichtes. Dieser Gesichtsausschnitt ist eingerahmt von dem traditionell weich fließenden Faltenwurf eines Schadors. Ein bläulich schwarzer Holzrahmen nimmt die Farbe des Schadors wieder auf. Das ist alles und doch, wie eindrucksvoll ist dieses Wenige. Vergleichbar vielleicht mit einem einzelnen Baum auf weitem Feld. Eine einfache klare Aussage durch Eingrenzung auf das Wesentliche.

So nah, so großflächig habe ich noch nie in Augen geschaut. Das Bild dominiert das ganze Schaufenster. Ich gehe auf die andere Straßenseite, um die mir gewohnte Distanz herzustellen. Doch nun bin ich erst recht verblüfft. Von weitem sehe ich ganz deutlich etwas, das ich an dem Bild noch nicht entdeckt hatte. Ein diagonales Schattenkreuz liegt über der Stelle, wo ihr Mund unter dem Schador zu vermuten ist. Sie kann, sie soll nicht sprechen, assoziiere ich sofort. Ein starkes Symbol. – Das kann aber doch nicht sein, denn das Kreuz verlässt das Bild und geht nach unten über den Rahmen hinaus. Schwächer als das Kreuz entdecke ich jetzt auch eine unter dem Bildrand verlaufende verschattete Schriftzeile. Arabisch, vermute ich sogleich. Meine Einkäufe sind vergessen. Ich will dieses Phänomen ergründen. Ich gehe wieder über die Straße zurück und stelle mich erneut vor das Bild. Unter dem Bild hängt ein kleines Schildchen. Fotografie, „Bildnis einer

Tuareg" steht darauf. Jetzt erst entdecke ich auf dem vertieft liegenden Boden des Schaufensters einen großen Spiegel mit einem goldenen, barock ziselierten Rahmen. Auf dem Glas liegen mehrere verschiedenfarbige Rahmen-Winkelstücke locker herum. Nur, wie kommen ausgerechnet jene Teile dieser Gegenstände als schwacher, zeichenhafter Abglanz nach oben, die ein Andreaskreuz auf dem Bild und diesen arabisch aussehenden Schriftzug unter dem Bild ergeben? Ich drehe mich um und schaue am Ende der Straßenschlucht direkt in das glühende Rot der untergehenden Sonne. Sie also hat ihre letzten ausufernden Strahlen eintauchen lassen auf den Boden des Schaufensters und ausgewählte Gegenstände, als schwachen Abglanz, nach oben gespiegelt. Eine Seite des Barock ziselierten Rahmens ergab die Schrift und zwei bestimmte Seiten von all den herumliegenden Anlegewinkeln ergaben das Kreuz. Die Sonne, was sonst, hat diesen Zauber bewirkt, denke ich und wende mich verwundert ab.

**Auf der Dippemess**

Dippemess deshalb, weil es dort, auf dem Festplatz am Ratsweg, noch einige Stände gibt, die Küchengeschirr, also Dippe, verkaufen. Neben Wurstbuden und Ständen mit Zuckerwatte, oder Lebkuchenherzen mit bunter Zuckerschrift bemalt, findet man hier noch Keramik aus verschiedenen Ländern und Regionen, fast wie zu alten Messezeiten. Grau, mit einfacher blauer Bemalung ist die Ware aus dem hessischen Vogelsberg. Hier gibt es den Bembel, d.h. den Krug für den Frankfurter Äbbelwoi ebenso wie den Becher ohne Henkel. In beiden Gefäßen hält sich das sogenannte Stöffche besonders lange kühl. Das gleiche gilt für die Schalen, die breit und flach sind und für angemachte Heringe oder für Griebenschmalz geeignet sind. Immer wird dieses Geschirr dort verwendet, wo Menschen auf einfachen Holzbänken dicht beieinander sitzen. Das ist drüben in Sachsenhausen ebenso wie bei den privaten Grillfesten in Gärten, Höfen und Freizeitanlagen.

Der Festplatz ist außerdem angefüllt mit Fahr-Attraktionen, deren Gondeln, Raketen oder das große Bandenrund, an dessen Wand die Menschen nebeneinander mit dem Rücken an die Rückwand gedrückt werden. Immer schneller und höher hinausfliegen, die Fahrgäste werden gerüttelt und geschüttelt, während die Kabinen sinken oder steigen. Das Tempo lässt die meist jugendlichen Fahrer kaum zu Atem kommen und das Gejohle und Gekreische fliegt weit über den Platz hinaus. Es zieht viele neugierige Menschen an. Die bestaunen ein Abenteuer, das einen Kopfsprung vom 7 m Brett weit hinter sich lässt und nur noch mit Bangé- oder Fallschirmspringen zu vergleichen ist. Es sind Mutproben allesamt, doch hier kann man nichts falsch oder richtig machen. Man muss nur abwarten, bis die Sause endlich oder leider zu Ende ist und die Gondel wieder vor dem Ausgang anhält. Wir mischen uns unter die unterhaltungsselige Menge. Die Menschen sprechen hier lauter als gewöhnlich, weil sie die von Fahrmaschine zu Fahrmaschine wechselnde Musik überstimmen müssen, während wir uns stumm und staunend dem großen Wirbel hingeben und dabei dicht gedrängt über den Platz schlendern.

Ich bin noch nicht sicher, wie nervenstark meine neue Freundin ist. Deshalb zieht es mich zur Achterbahn. Wenn wir Glück haben, legt die nach einem ersten Aufschwung in der Höhe eine kleine Pause ein, damit andere unten einsteigen können. Plötzlich geht es los und unsere Gondel schießt durch einen Kanal auf eine höhere Ebene. Danach stehen wir erst einmal still.

Unter uns die nähere Umgebung der Stadt. Dort hinten muss der Zoo sein, erkläre ich Janin. Nur ein relativ kleines Fleckchen Grünfläche, wenn man bedenkt, wie viele Tiere dort leben und jetzt sicher schon zur Fütterung drinnen in den Häusern sind.

Klar, dass der ehemalige Zoodirektor, Herr Grzimek dort heraus und in das weitläufige Nidda Tal umziehen wollte. Doch die Verhandlungen damals waren erfolglos. Zu viele Besitzer von Grund und Boden, auf denen auch heute noch Reitställe betrieben sowie Gärten und Wiesen unterhalten werden, weigerten sich, zu verkaufen. Das Geld war auch gar nicht vorhanden. Nicht beim Zoo und nicht im Stadtsäckel. Die Frankfurter brauchen schließlich auch nahen Erholungsraum, den sie ohne Eintritt kostenlos genießen wollen.

Brrrr, jetzt schießt unsere Gondel wieder in mehreren Schleifen nach unten, bevor es wieder aufwärts geht. Dann wieder ein Stopp. Der Platz unter uns liegt vollkommen im Schatten. Dort im Westen jedoch steht die Sonne noch als roter Ball über dem Horizont. Ein Flugzeug hält jetzt von Nordwest direkt auf den Feuerball zu, und siehe da, auch von Südost steigt ein Flieger diagonal in die Sonne ein. Eine japanische Flagge mit Flugzeugen als Symbole für ein Technikzeitalter?.

Unter uns, nach Süden hin stehen bleiern hinter den sonnenbeglänzten Bahnschienen die Hafenbecken. Dahinter windet sich dunkel der Fluss. Die Gerbermühle, wo Goethe bei der Familie Willemer seinen 65. Geburtstag feierte, weiß ich dort auf der anderen Seite. Den „Maintower", ein Hotelturm mit goldenen Zinnen, sehe ich am Ende der Brücke. Ein richtiger Hingucker inmitten eines neuen Wohngebietes auf dem Gelände des ehemaligen Schlachthofs. Ein weitaus größerer Hingucker allerdings ist das hier auf dieser Mainseite aufragende doppeltürmige gläserne Hochhaus der Europäischen Zentralbank. Sie wurde hineingesetzt in den dunklen Backsteinbau der ehemaligen Großmarkthalle am Osthafen. Diese wurde als Industriemuseum teilweise erhalten. Vor den nach Westen den Main entlang wandernden Augen, erhebt sich der, wieder einmal eingerüstete Turm des Doms. Hinter uns, im Osten liegt Offenbach. Dort gibt es eine Domstraße, in der Bettina von Arnim einen Teil ihrer Jugend bei ihrer Großmutter, Sophie la Roche, verbrachte. Domstraße heißt diese Straße deshalb, weil man früher von dort aus in Richtung Westen den Blick auf Frankfurts Dom frei hatte. Das ist lange her. Diese Sicht gibt es nur noch von oben. Der Dom inmitten der teilweise wieder errichteten Altstadt. Der Römer muss ganz in der Nähe sein. Etwas rechts davon erhebt sich die Kuppel der Paulskirche, die zwar als Kirche gebaut und ab 1833 auch einige Jahre als lutherische Stadtkirche genutzt wurde, doch dann, 1848/49 als Versammlungsgebäude für die ersten Versuche parlamentarischer Demokratie diente.

Und wieder gibt es einen kleinen Ruck und los geht es in schneller Fahrt, mal aufwärts, mal abwärts. Janine kuschelt sich förmlich in mich hinein und stößt kleine spitze Schreie aus. Als wir wieder auf höchster Höhe angekommen sind, gibt es kein Verharren. Wir fliegen nach Westen, wo ich jetzt, wie in einem schnellen Film, die Sonnenkugel zwischen zwei schwarzen Hochhaussilhouetten schwebend, untergehen sehe. Toll! Die schönen alten Villen des Frankfurter Westends, dort wo in allen Städten die Reichen residieren, die gibt es so nicht mehr. Aber eine Wohnung in einem derart exponierten Hochhaus, wäre das nicht noch atemberaubender als Achterbahn fahren? Sicher sind die nicht für Familien konzipiert. Für erfolgreiche Banker und Geschäftsleute, die hier vorübergehend ihr Domizil aufschlagen, muss es ein Traum sein, so zu wohnen. Wie betrunken klettern wir schließlich aus der Gondel. „Das war schrecklich schön", sagt Janine. „Manchmal glaubte ich, das Tempo und die Abstürze nicht mehr aushalten zu können! Und wie ist es Dir ergangen?" „Eigentlich nur super gut. Ich habe einfach nicht aufgehört zu denken. Die Schrecksekunden waren mir dadurch nicht so schrecklich und das Schöne vielleicht doppelt schön." „Nun, das klingt ja echt genial, ich werde es beim nächsten Mal auch versuchen."

## Frankfurt auf der Zeil

Irmgard treibt eine breite Straße mit vielen Ladengeschäften und kleinen Lokalen entlang. Hier sitzen meist junge Leute schon beim Weizenbier. Andere genießen den ersten Eisbecher. Noch ein paar hundert Meter weiter und sie ist dort, wo die Geschäfte immer größer werden und zu Warenhäusern mutieren. Es sind Riesenbauklötze, aufgereiht an einer einzigen Straße, aus der man vor Jahren den Verkehr herausgenommen hat. Dort, wo mit einer sanften Kurve die eine Straße endet und weich in die andere Straße übergeht, entstand ein kleiner Platz auf dem schon vor Jahren eine mächtige Bronze errichtet wurde. Ein Mann mit kleinem Kopf und einem eckigen Ziegenbart hält sitzend mit der einen Hand sein Geschlecht verdeckt und stützt sich mit der anderen Hand auf dem runden Bruchstück eines Schädels ab. David sitzt auf Bruchstücken von Goliath und blickt mit Kindergesicht nach Südost, halb hinein und halb vorbei an der Straße, die durch eine Doppelreihe von Platanen nun doch noch zu einer Prachtstraße geworden ist. Ein breites Band in der Straßenmitte ist kopfstein-gepflastert und mit weißen und roten Streifen großzügig liniert. Diese Straßenmitte, auf der früher die Autos mehrspurig dahin brausten oder abgasspuckend stauten, ist nun in den Rang einer Allee mit locker grüner Bedachung aufgestiegen. Um die einzel-nen Bäume sind in Sitzhöhe schützend runde Stahlringe gelegt, die auf je drei ebenfalls runden Stahlbeine aufgeschweißt sind. Fahrräder werden daran mit starken Schlössern befestigt. Die Stahlbeine sind auf dem Boden an runde Schutzgitter montiert. So tragen die Bäume im Sommer wie im Winter ihre eisernen Schneeschuhe. Ein paar Stahlrohrbänke, Papierkörbe sind in die Anlage integriert. Ein eleganter Bistro Container in Russisch grün lädt mit Goldschrift zum Verweilen ein.

Auf den Schaufensterseiten ist die Straße mit glatten, schnellen Platten belegt über die sich eine bunte dichte Menschenmenge bewegt. Hat man es etwas eiliger als andere, dann muss man sich um einzelne Menschen oder um kleine Gruppen herumschlängeln. Ziel anpeilen, ausweichen, Richtung halten, vorwärts. Spektakulär gestylte Leute unauffällig anstarren, dem Gegenverkehr rechtzeitig ausweichen und sich dennoch zügig fortbewegen. Im Kopf noch die Männerfeindschaft der Bronze dort hinten, hat sie plötzlich vor sich eine sonderbare Männerfreundschaft. Der schwarz und schlank gekleidete junge Mann redet intensiv ein auf einen anderen, der in rote Seide gekleidet ist und dessen hochgeschlitzter Rock den Blick auf Männerbeine in Nylonstrümpfen und schwarzem Pumps freigibt. Weiche Schatten fallen durch das leichte Tuch und fächeln bei jedem Schritt schamvoll um die sonnenbeschienen Teile der muskulösen Beine. Jetzt bockt ein Kind an der Hand seiner Mutter. Es zerrt und bleibt stehen. „Mutti schau', hier liegt ein verrosteter Regenwurm". „Stimmt", denkt sie. Das Kind kann nur noch nicht zwischen einem Korrosions- und einem Austrocknungseffekt unterscheiden. „Das gibt es nicht" antwortet die Mutter und zieht das Kind über die Warm- luftschleuse hinein in das Kaufhaus. Hier gibt es alles. Vorne die Wühltische, dahinter Parfümerie, Lederwaren und Schmuck. Rolltreppen aufwärts, abwärts. Orientierungstafeln mit kleiner Schrift auf Plexiglas. Rolltreppen rauf, durch die bunte Aufge- räumtheit der Damengarderobe, gleich daneben die Kinderklei- dung, damit Mütter beim Geldausgeben die Kleinen nicht verges- sen oder beim Bedenken der Kinder auch Lust auf sich selbst be- kommen. Vor ihr fährt eine junge Frau, die ein Kind fest an der Hand hält. Dahinter ein Jugendlicher. Plötzlich sieht Irmgard, wie der sich an der Tasche der jungen Frau zu schaffen macht und geschickt die Geldbörse herauszieht. Jetzt drängelt er sich an der jungen Frau vorbei nach oben. Hallo, was soll das, ruft Irmgard laut. Gehört dieser Mann zu Ihnen. Nein, wieso? Auch Irmgard schlängelt sich jetzt an der jungen Frau mit Kind vorbei. „Der hat ihre Börse" und schon ist sie oben angekommen. „Haltet den Dieb" rufend, rennt sie ihm hinterher. Der umrundet einen Klei- derständer, läuft zum Nächsten. Jetzt greift der einen Stapel Blu- sen und wirft diese vor ihr auf den Boden. Klar, die guten Blusen, sie umrundet die Ware sicher. Damit gewinnt er einen Vorsprung bis zur nächsten Rolltreppe abwärts, die er mit großen Sprüngen davonrennt. Diese Rolltreppe geht beinahe nahtlos, unterbrochen nur von ein paar Trippelschritten nach links, zur nächsten Treppe, immer abwärts.

Der Typ vor ihr aber ist schon draußen. Etwas zaghafter ruft sie noch einmal, „Haltet den Dieb" aber da ist unter all den vielen Menschen niemand mehr, der schnell genug reagiert. Enttäuscht geht Helga zurück und wird von einigen Verkäuferinnen empfangen, die sich abseits gehhalten haben. Sorry, wir dürfen aus Sicherheitsgründen nicht eingreifen. Auch die junge Frau steht mit ihrem kleinen Mädchen jammernd dabei. „Einen Wintermantel wollte ich mir kaufen. Das schöne Geld". Da blickt Irmgard noch einmal zurück auf die Rolltreppe und siehe da, die Geldbörse ist unten angekommen und stolpert an der unteren Kante herum, weil sie die Kurve nicht bekommt von der Treppe auf den Boden. „Weggeworfen hat er sie also".

## Wir sind keine Mörder

Big Boss ist zum dritten Mal verheiratet. Wenn er auch nicht mehr jeden Tag rund um die Uhr im Geschäft tätig ist, so kann er sich doch auf seine wesentlich jüngere Ehefrau, seiner früheren Sekretärin, verlassen. Von seiner ersten Frau, einer Argentinierin mit deutschen Vorfahren hat er eine Tochter, die mit ihrer Mutter in Buenos Aires lebt und dort aufgewachsen ist. Der Kontakt zu den beiden ist abgebrochen. Von seiner Tochter Sylvia hat er seit langem nichts gehört.

Vor einigen Jahren ist Sylvias Stiefvater gestorben und im vergangenen Sommer ist auch ihre Mutter von ihr gegangen. Trotz mancher Freunde, fühlt sich Sylvia neuerdings sehr einsam. Von der deutschen Verwandtschaft hatten die Eltern fast nie zu ihr gesprochen. Ihr Freund Pietro war es, der ihr Mut machte, doch einmal ins Land ihres leiblichen Vaters zu reisen. So kam es, dass Sylvia Kontakt aufnimmt und eines Tages am Frankfurter Flughafen landet. Dort wird sie von einer großen Limousine mit Chauffeur abgeholt. Nach wenigen Stunden Fahrt erreichen sie eine wunderschöne Villa.

Sylvia glaubt, sich in einem modernen Märchen zu bewegen. Alle sind nett zu ihr, der jungen, hübschen neu entdeckten Verwandten. Frauen bewundern ihren bräunlichen Teint bei gleichzeitig blauen Augen und alle finden ihren spanischen Akzent so erfrischend. Auch ihr Vater ist ihr freundlich zugewandt. Man reicht sie herum, zeigt ihr Büros und Fabrikhallen und erwähnt nur knapp all die anderen Niederlassungen, die zur Firma gehören. Sylvia verbringt eine anregende Zeit in Deutschland und wird nach wenigen Wochen herzlich verabschiedet.

Zurück in Buenos Aires macht vor allem ihr Freund Piero große Augen über das, was seine Freundin erzählt. Schnell ist ihm klar, dass sie Anspruch auf ein Erbteil haben müsste. Dies erscheint allmählich auch seiner Freundin als wahrscheinlich, doch Genaueres weiß sie nicht. Ihre Eltern hatten nie darüber gesprochen. Vielleicht war Mutter schon ausbezahlt worden. Eine Unruhe war in Sylvias Leben eingebrochen. Immer neue Spekulationen schienen möglich. Sie vernachlässigt ihre Arbeit und beschäftigt stattdessen einen Anwalt mit ihrer Privatangelegenheit. Wenn sie ihr Konto überzieht, denkt sie, dass sicher bald mehr Geld hereinkommen würde. Schließlich schreibt sie einen ausführlichen Brief mit ihren Vorstellungen von einer Erbschaft oder einer Firmenbeteiligung an ihren leiblichen Vater. Dieser Brief schlägt dort wie eine Bombe ein, denn einerseits war ihre Mutter einschließlich der Tochter in der Tat schon vor Jahren abgefunden worden, andererseits passte es derzeit überhaupt nicht in das wirtschaftliche Kalkül des Vaters, größere Summe auszuzahlen. Beides erklärt der alte Herr telefonisch ausführlich seiner Tochter in Buenos Aires. Die aber glaubt, sie habe genug gesehen und verspricht zu kommen.

Der Chef des Hauses rotiert. Es hilft nichts. Eine größere Unterstützung seiner Tochter will er sich in dieser Zeit der Rezession nicht leisten. Viel Tüchtigkeit und Glück gehörten dazu, wenn nicht einige der Niederlassungen Konkurs gehen sollten. Deshalb lässt er sofort ein Flugticket auf den Namen seiner Tochter besorgen, das man in Buenos Aires für sie hinterlegt. So macht Sylvia sich erneut auf die Reise.

Zwei Herren haben den Auftrag, sie am Flughafen Frankfurt abzuholen und ausführlich mit ihr zu verhandeln. Später, wenn die augenblicklichen finanziellen Engpässe überwunden wären, könnte man in Ruhe über das Thema einer Unterstützung oder Erbschaft sprechen. Dann käme man sicher auch zu einem vernünftigen Ergebnis. Dies sollten die Herren seiner Tochter vermitteln.

Die als „graue Eminenz" auftretenden Herren Henry Herrmann und Walter Willemer holen Sylvia verabredungsgemäß am Flughafen ab und bringen sie in ein Mehrfamilienhaus in der Mainuferstraße. Hier wohnen Firmenmitglieder zu Messezeiten während ihres Aufenthaltes in Frankfurt. "Warum bringen Sie mich nicht umgehend  zu meinem Vater, der wartet doch auf mich" moniert Sylvia sofort. „Weil wir Ihnen die Wünsche und Vorstellungen Ihres Vaters in Ruhe übermitteln sollen. Sie bleiben heute Nacht in dieser Wohnung, ruhen sich aus und morgen Vormittag bringen wir Sie zurück zum Flughafen. Hier habe ich bereits Ihr Ticket zurück nach Buenos Aires in der Tasche". „Das können Sie mit mir nicht machen. Ich bin nicht Ihr Spielball". „Nein, aber sie sollten sich schon als das brave Töchterchen des „Big Boss" erweisen. Glauben Sie denn, dass alle Mitarbeiter machen, was er will, nur Sie nicht? Damit kommen Sie nicht weit". Mit diesen Worten hilft er ihr aus dem Mantel, damit sie sich endlich entspannen könnte. Doch Sylvia fängt ein Gekreische an, das Henry und Walter total schockiert. „Was soll das", brüllt Walter zurück. „Halten Sie doch den Mund. Es wohnen noch andere Leute in diesem Haus". Doch ihr Geschrei wird immer lauter. „Hören Sie doch auf, Sie schreien das ganze Haus zusammen". „Und wenn schon", sagt sie knapp, holt Luft und legt erneut mit ihrem entsetzlichen Geplärre los. Sie benimmt sich wie ein ungehorsames Kleinkind, nicht wie eine erwachsene Frau. „Den Mantel, gib mir den Mantel", sagt Henry. Beide wickeln nun die Frau in den Mantel ein und verschlingen die Ärmel über ihrem Gesicht. „Gottlob Ruhe, rede Du nun einmal vernünftig auf sie ein und erkläre ihr alles, was sie verstehen muss".

Walter verlässt das Zimmer, um kurz auf die Toilette zu gehen, während Henry im Zimmer auf- und abgehend eindringlich zu ihr spricht. Als Walter zurückkommt, ist es, außer Henrys eindringlicher Rede, still im Raum. „Sie sieht anders aus", bemerkt nun Walter. „Binde sie los, die hat nicht genug Luft". Schnell nesteln beide an den verschlungenen Mantelärmeln, bis diese endlich vom Gesicht der Frau fallen. „Was hat sie denn, wieso atmet sie nicht, das Gesicht scheint schlecht durchblutet. Komm lass uns massieren. Legen wir sie aufs Sofa". Henry massiert nun die Herzgegend. Doch nichts geschieht. Die schöne Frau liegt leblos vor ihnen. Beide Männer hocken sich auf den Boden. „Was sollen wir tun"? „Ich bin doch kein Mörder". „Nein, natürlich nicht", sagt Walter. „Wir beide nicht. Und doch müssen wir kühlen Kopf bewahren und sehen, wie wir aus diesem Schlamassel wieder herausfinden. Komm, lass uns erst einmal an die frische Luft gehen. Hier können wir ihr nicht mehr helfen. Im Treppenhaus hat Henry die Idee, sich den Keller anzuschauen. Hinter einer Tür geht es viele Stufen abwärts in einen sehr alten Keller mit gestampftem Lehmboden. Der dunkle Raum ist in kleine Versschläge eingeteilt. Plötzlich stolpert Walter über Weiches. „Mach Licht"! „Wo ist der Schalter"? „Hab ihn"! „Ah", er bückt sich. „Kartoffelsäcke! Können wir die gebrauchen"? „Klar, pack sie dir

untern Arm". So gehen sie die Treppe wieder hinauf zu der Woh-
nung. „Wie schön wäre es, wenn Sylvia inzwischen wieder aufge-
wacht wäre" denkt Henry und auch Walter wünscht sich irgend-
einen Zauber, der die Wirklichkeit, wenn es zu schlimm wird, ein-
fach verschlingt. Doch leider ist dem nicht so. Zögerlich und ohne
Worte machen sich beide an die Arbeit. Die Frau in den Mantel
und den Mantel mit Frau in einen der Säcke. Die Handtasche, das
Flugticket, alles hinterher. „Um Gottes Willen, nicht das Flugti-
cket", sagt Henry und nimmt es schnell wieder aus der Tasche.
„Hast du die Handtasche nach verräterischem Material über ihre
Identität untersucht"? „Ja, den Pass habe ich schon". Dann wird
ein zweiter Sack von oben über Sylvia gestülpt. Im Küchentisch
finden die Männer eine Klaue Paketschnüre. Im Taillenbereich
werden beide Säcke übereinander gebunden. In den nächsten
Stunden gehen die Männer stundenlang am Mainufer spazieren,
immer das Haus im Blick. Wo sind die Lichter inzwischen ausge-
gangen, wo brennt noch Licht, wo ist noch ein Fernsehgerät in Be-
trieb? Erst als das ganze Haus im Dunkeln liegt, gehen sie zurück.
Nur keine Geräusche machen. Vorsichtig steigen sie die hölzer-
nen Treppenstufen hinauf und öffnen die Wohnungstür. So leise,
wie sie nie im Leben vorher etwas getan haben, tragen sie die ein-
gepackte Frau die Treppe hinunter und verstauen sie in ihrem
Auto, direkt vor der Haustür. Sie versuchen immer am Mainufer

zu bleiben oder, wenn die Straße mehr stadteinwärts führt, wieder dorthin zurückzukehren. Irgendwann landen sie in einem Hafengebiet mit riesengroßen Gasbehältern, Bahnanschluss und Hafenbecken dahinter. Sie fahren bis ans Wasser hin. Kein Mensch weit und breit. Ein paar rostige Container geben ihnen Deckung. „Bitte löse du die Kordel, ich halte derweil die Frau". Mit einem Rutsch lassen sie das Bündel in die dunklen Fluten gleiten. Keine Blumen, kein Kranz, keine Trauerrede. Doch ein kurzes Gebet murmelt ein jeder der beiden Männer still vor sich hin. Dann liegen sie sich kurz blass und erschöpft in den Armen. „Hoffentlich geht das gut".

Und es geht gut. Das Sackpaket sinkt schnell ab und wurde nicht mehr gesehen. Eine Leiche, die wahrscheinlich Selbstmord begangen hatte, wurde später in Frankfurt-West gefunden. Eine Identifikation blieb ergebnislos. Der alte Boss wunderte sich zwar, dass er nichts mehr aus Argentinien hörte, war es aber zufrieden so. Der Freund in Buenos Aires aber vermutete, dass die Freundin in den Schoß der Familie zurückgekehrt sei. Er wunderte sich zwar, dass Sylvia sich nie mehr meldete. Schade, aber er gönnte ihr das vermutlich gute Leben in Deutschland.

## Was ist Heimat?

Natalie ist auf dem Flug nach Rio. Hier wurde sie geboren. Seit 20 Jahren aber lebt sie nun in Deutschland. Dort arbeitet sie im Haushalt eines alten, kinderlosen Ehepaares, die in jeder Hinsicht auf Hilfe und Pflege angewiesen sind. Die wollen nicht aus ihrem schönen Haus heraus, sich nicht verwalten lassen. Jutta ist die Chefin. Sie beschäftigt einen Gärtner, der den großen Garten unterhält, so dass immer Blühendes zu bewundern ist. Jutta hat ihr die Flugtickets bezahlt. Sie hat ihr schon immer geholfen, wenn sie in finanziellen Schwierigkeiten steckte. Von ihr hat sie das Kochen deutscher Gerichte gelernt, von ihr, dieser kleinen Frau, die nur noch mit Stock und Rollator gehen kann, erhält sie auch weiterhin, mit leiser Stimme, ihre klaren Anweisungen. Die Reise nach Rio hatte ursprünglich Jutta für sich gebucht. Sie wollte auf ihre alten Tage noch ein letztes gutes Geschäft machen. Doch dann kam der Sturz. Mehrere Wirbel waren gebrochen. Dazu kam ein Herzinfarkt. Da hieß es endgültig, Reisen ade!

Von dem Mann, der Natalia einst nach Deutschland holte, ist sie längst wieder geschieden. Ihre beiden jugendlichen Kinder aus dieser Ehe, leben bei ihrem Vater. Mit Natalia zusammen lebt nur noch die kleine Tochter Tamara, hervorgegangen aus einer Affäre mit einem verheirateten Spanier, der sich natürlich für sie scheiden lassen wollte. Das kleine Mädchen mit den langen schwarzen

Haaren, kommt in diesem Jahr zur Schule. Schon als Baby durfte Natalia ihr Kind immer zur Arbeit mitbringen. Jutta behauptet, Tamara würde deshalb so gut deutsch sprechen, dass sie sogar ihre Mutter korrigieren konnte, weil sie, Jutta, von Anbeginn an reichlich mit ihr deutsch gesprochen habe. Die Kleine ist zur Freude der Alten quirlig, phantasievoll und hilfsbereit. Sie versteht das Portugiesisch ihrer Mutter, wenn die mit ihr schimpft, sie spricht ein wenig spanisch mit ihrem Vater und eben deutsch im Kindergarten und überall draußen. Was erwartet Natalia nun in Rio? In welchem Zustand befindet sich ihre alte Mutter? Wen von ihren fünf älteren Schwestern wird sie treffen? Über diesen Gedanken wird Natalia schläfrig. Sie hat das Bild ihres Vaters vor sich. Ein großer starker Mann, der bald aus ihrem Leben verschwunden war. Nur eine Szene ist ihr noch stark in Erinnerung. Sie sieht die Holzhütte, in der sie lebten. Das Dach lag auf Holzbalken und über das Dach breitete sich ein großer Teil des Geästes eines stattlichen Mangobaumes. Als Kinder kletterten sie gerne in diesem Baum herum, hoch hinauf vor allem dann, wenn sie etwas angestellt hatten und Mutter sie mit dem Handbesen verprügeln wollte. Da war sie gar nicht zimperlich. Nachts suchten Hühner dort ihren Schlafplatz. Jetzt erkannte sie vor ihrem geistigen Auge wieder die Schlange, die sich vom Dach am Holzpfosten herunterschlängelte und Vater, der die Schlange, sobald diese am Boden angekommen war, mit einem Besenstil erschlug. Das Bild, das sich bei ihr festsetzte und auch im weiten Umfeld des Verwandten und Freundeskreises die Runde machte, beschrieb ihren Vater, wie er die tote Schlange auf dem Besenstil drapiert hatte und diesen in der Mitte festhielt, wie ein griechischer Kämpfer der Antike seinen mannshohen Speer.

Bald nach diesem Ereignis wanderte unser Vater, zusammen mit der Truppe, die im nahen Steinbruch gearbeitet hatte, weiter, zum nächsten Steinbruch. Hier war die Arbeit unrentabel geworden. Er sorgte noch dafür, dass wir in das nun verwaiste Verwaltungsgebäude der Baufirma einziehen konnten. Nun hatten wir reichlich Platz und ein Haus aus Stein. Unsere Mutter ließ er mit uns sechs Mädchen alleine zurück. Als Analphabet glaubte er, Mutter habe absichtlich nur Töchter geboren, obwohl er sich von Herzen einen Sohn gewünscht hatte. Meine Mutter glaubte, dass wir es auch ohne ihn schaffen könnten, denn hinter dem Haus war ein riesengroßer und ursprünglich von den Arbeitern zum Eigenbedarf angelegter Garten. Auch gab es Obstbäume in großer Zahl mit Früchten, die Natalia teilweise in Deutschland noch nie gesehen hatte. Nun ereignete es sich, dass wir nachts ein jämmerliches Piepsen hörten und uns nicht vorstellen konnten, welches Tier da so wimmerte. Mutter suchte die Gras- und Buschlandschaft neben dem Gemüsegarten, ganz in der Nähe des Hauses ab, wo etliche

Hühner auf dicken Grasbuscheln brüteten. Einen Hühnerstall gab es nicht. Sie entdeckte, dass viele der neu geschlüpften Küken verschwunden waren. Mein Gott, wir brauchten immer etwa 200 Hühner, damit wir genügend Eier und Fleisch zum Essen hatten. In dem kleinen Hügel weiter hinten entdeckte sie Löcher zu unterirdischen Gängen. Wahrscheinlich Ratten, dachte meine Mutter und überlegte hin und her, was sie unternehmen könnte. Da erinnerte sie sich an einen Rest Sprengstoff, den die Arbeiter vom Steinbruch zurückgelassen hatten. Sie erkundigte sich beim Kolonialwarenhändler in der Nachbarschaft genau, wie man so etwas machen müsste und schritt zur Tat. Den Sprengkörper ließ sie tief in einen der unterirdischen Gänge hineingleiten. Die Zündschnur verlängerte sie mit einem Hanfseil Richtung Haus. Dann zündete sie das Seil an und die Glut schlich sehr langsam vorwärts. Wir alle mussten ins Haus. Schließlich kam auch unsere Mutter herein gerannt und kurz danach gab es einen Riesenkrach. Wir duckten uns und hielten den Atem an. Vorsichtig und noch etwas blass wagte sich Mutter nach draußen. Vor ihr tat sich ein Riesenkrater auf und Rattenteile lagen überall herum. Ein schreckliches Bild, das wir lieber erst einmal nicht anschauen mochten. Doch das Problem war gelöst. Später füllte sich der Krater je nach Jahreszeit mit Regenwasser und die Böschungen waren bald begrünt. Wir Kinder wurden größer und konnten der Mutter schon gut bei der

Arbeit helfen. Das Leben war schön bis zu dem Augenblick, da meine Mutter mit mir eine weite Strecke mit dem Bus zu einem katholischen Kinderheim fuhr. Dort gab es eine Schule und die Lehrerinnen waren Nonnen. Meine Mutter erklärte mir, dass es mir einmal besser gehen würde als ihnen. Vor allem dann, wenn ich ordentlich lernte. Ich war sehr traurig und nahm es viele Jahre meiner Mutter übel, dass sie mich weggegeben hatte. Erst heute, mit eigenen Kindern weiß ich, wie viel Arbeit und Mühe Kinder bedeuten. Meine Mutter hatte kapituliert. Jetzt wollte ich ihr endlich sagen, dass ich Ihre damalige Entscheidung heute nachvollziehen kann und dass ich nicht mehr traurig bin.

Meiner Schwester Elvira holte mich am Flughafen ab. Als Erkennungszeichen winkte sie mit einem weißen Strohhut. Sie war eine zierliche braunhäutige Frau. Ihre temperamentvolle Begrüßung nach 20 Jahren war das, was ich von Brasilianern kannte. Wir fuhren mit Bahn und Bus zu meiner Pension und anschließend in eine Favela, in der unsere Mutter zusammen mit Elvira und deren Familie jetzt lebt. Meine Schwester beteuerte, dass es dort nicht schlecht sei. Sie hätten Elektrizität, fließend Wasser und ordentliche Abwasserentsorgung. Von angeblich vorhandener Kriminalität blieben sie verschont. Das Haus am Steinbruch war nicht mehr zu halten, zumal es nie wirklich uns gehörte. Die Stadt hat sich in

dieser Gegend mit Hochhäusern und hübschen Eigenheimen aus-
gebreitet. Alles direkt an der Grenze zum Naturschutzgebiet. Rio
wächst und wächst.

Als Natalia schließlich vor ihrer Mutter steht, ist sie erschüttert
von dieser alten zerbrechlichen Frau. Tiefe Furchen haben sich in
ihrem dunklen Gesicht eingegraben. Nicht zu vergleichen mit Jut-
tas heller rosiger nahezu faltenfreier Haut. Vorsichtig umarmt sie
ihre Mutter. Nein, sie ist nicht mehr böse mit ihr. Nein, sie hatte
sicher richtig entschieden, als sie ihre jüngste Tochter zu den Non-
nen gab. Dort hat sie Lesen, Rechnen, Schreiben und manches
mehr gelernt. Dadurch konnte sie einen Beruf erlernen, der dazu
führte, dass sie ihren deutschen Ehemann kennen lernte. Nein, al-
les ist gut gelaufen und es geht ihr in Deutschland gut. Sie hat
Kinder, sie hat eine Wohnung, sie hat ein Auto. Ja, wirklich, alles
ist gut so. Mutter und Tochter lagen sich noch lange weinend in
den Armen. Die Zeiten der frühen Kindheit  sind wirklich nur
noch aufregende Träume, für die Natalia bis in alle Ewigkeit
dankbar sein wird. Danke Mutter, wir haben durch Deine aufop-
fernde Tüchtigkeit doch einige gute Jahre gehabt.

Auf dem Weg zurück zur Pension denkt Natalia, dass sie dieser
Frau, ihrer Mutter, in keiner Weise ähnlich ist. Sie selbst ist groß
gewachsen und eher von stattlicher Figur. Noch vor wenigen Jah-
ren wurde sie zusammen mit Freundinnen als gut aussehende

Samba Tänzerin engagiert. Nein, sie musste mehr nach ihrem Vater kommen, den sie leider so wenig kannte. Natürlich tritt sie die Rückreise nach Deutschland an, um zu bleiben. Mit Juttas Unterstützung zahlte sie nun schon seit etlichen Jahren Steuern, war kranken- und rentenversichert. Hier hatte ihre kleine Tochter gute Chancen sich lebenstüchtig, erfolgreich und froh zu entwickeln. Die größeren Kinder hatten schon eine Ausbildung hinter sich und dürften bald auf eigenen Füßen stehen. Deutschland war ihre Heimat geworden.

## Das Boot im Tiger Delta

Die Gewässer aus dem Dreiländereck Argentinien-Paraguay-Brasilien strömen über die Wasserfälle des Iguazu nach Süden. Seine Wasser füllen im Tal den Rio Paraná, der nach vielen Staustufen und über tausend Kilometer Wegstrecke sich mehr und mehr verzweigend und Sand aufnehmend, in dem Nationalpark Esteros del Iberá landet. Dieser Nationalpark bildet ein unberührtes Sumpfgebiet mit reicher Tier- und Pflanzenwelt und hier und da schwimmenden Inseln. Im Delta des Paraná, dem sog. Tigerdelta, gehen Menschen fischen oder auf Taubenjagd. Nach der Vereinigung des Paraná mit dem klaren blaue Fluss Uruguay bilden sie gemeinsam den 50 – 150 km breiten Rio de la Plata, der die gemeinsamen Wassermassen in einem Riesendelta in den Atlantik führt.

Schon im August 1519 schiffte sich ein Geschwader unter der Leitung von Fernando Magellan in Sevilla in Spanien ein. Man segelte unter der spanischen Flagge für eine vermeintlich erstmalige Umrundung der Welt. Denn, dass diese Welt eine Kugel sei, davon ging man inzwischen aus. Magellan hielt sich mit günstiger Strömung nach Südwesten. Vorbei an den Kapverdischen Inseln überquerte er den Atlantik und erreichte den riesigen Mündungstrichter des La Plata. Hier vermutete Magellan die ersehnte Westpassage zum Indischen Ozean. Man konnte doch nicht annehmen, dass dieser große Kontinent Amerika, wie er inzwischen genannt wurde, keine Passage vom Atlantik zu dem großen Meer im Osten hätte. Einen kürzeren Weg nach Indien und China, das wäre ein großer Gewinn gewesen. Deshalb setzte er Barkassen und Dingis aus, die vierzehn Tage lang das Delta abfuhren.

Die Enttäuschung war groß, als die Rückkehrer nur von einem Flussdelta mit verschiedenen Zuflüssen nicht aber von einer Passage überzeugt waren.

Außer Touristen, die wie die Jäger, meist auch auf Taubenjagd gehen, sind im Delta heute auch Biologen auf Booten in den schmalen Wasserläufen zwischen den Schilfwäldern unterwegs, um seltene Pflanzen zu finden und zu katalogisieren. So auch Monsieur Carlos Adam, und Eugen Schwarz beide deutschstämmige Argentinier. Als Mons. Adam aus dem Boot heraus mit der Hand dem Stängel einer Schwertlilie folgt, stößt er auf hartes Holz. He, sagt er zu seinem Freund, kann es sein, dass hier jemals eine Hütte gestanden hat?

Nun, wie du weißt, sind die Wasserläufe über die Jahrhunderte immer in Bewegung gewesen. Aus der Verschlammung bildet sich Land und das Wasser sucht sich wieder neue Wege. Auch ist es noch gar nicht so lange her, dass hier Jaguare nach Beute unterwegs waren, die man anfangs irrtümlicherweise als Tiger ansah. Deshalb der Name „Tiger Delta". Das Delta dürfte in jedem Fall immer gefährlich gewesen sein und für menschliche Ansiedlungen nicht besonders geeignet. Carlos setzt sich jetzt auf den Bootsrand und hängt die Beine ins Wasser. Vorsichtig gleitet er tiefer, sich gleichzeitig mit beiden Händen am Boot festhaltend. Er achtet darauf, nicht zu sehr in den Schlamm zu geraten. Er hangelt sich hinüber zu dem Holz und hat augenblicklich die Wölbung eines umgekehrten Bootskörpers unter den Füßen. Es fühlt sich nach sehr festem Holz an. Lass uns versuchen, es zu drehen. Herr Schwarz kommt hinzu und beide versuchen den Bootskörper zu drehen. Doch er ist zu schwer. Das Holz scheint sehr hart zu sein, vielleicht Mahagoni. Bald erkennen die beiden, dass sie dieses Boot unmöglich alleine heraus schaffen können. So paddeln sie wieder zurück zu ihrer Unterkunft. Ihre Köcher und Presshefte sind schließlich bereits gut gefüllt.

Am Abend an der Bar des Hauses erzählen sie einigen Reisenden so ganz nebenbei von ihrem Fund im Delta. Nun sind zwei Altertumsforscher sofort ganz Ohr. „Wo genau wart ihr? Wo liegt das Boot? Ist es tatsächlich ein sehr altes Boot und nicht vielleicht doch ein Fischerboot aus der Umgebung"? „Nun, so genau können wir das nicht sagen. Offenbar ist es aus sehr altem Holz, denn es ist sehr massiv und schwer. Dazu liegt es unter einer verschlammten Sandschicht".

Schließlich mussten die Biologen versprechen, die Kollegen am nächsten Tag zu dem Boot zu führen. Schon am frühen Morgen fährt man hinaus. Die Begeisterungsschreie der Kollegen hört man weit über die stille Wasserlandschaft. Herr Adam und Herr Schwarz wundern sich schon sehr, was diese Männer so alles in dieses untergegangene Boot hinein interpretieren. Aus Afrika soll das Holz stammen. Ein typisches Holzklotz Kanu aus einem Mahagoni gefertigt, das dem amerikanischen echten Mahagoni nicht wirklich ähnlich ist und das es nur in Afrika gibt. „Wahrscheinlich benutzten die Menschen Paddel, um zu manövrieren. Aber, um über den Atlantik zu kommen, da mussten sie schon Segel aufgesetzt haben.

Vielleicht finden wir später einen Stutzen für den Mast. Tierfelle könnten sie als Segel aufgespannt haben. Eine Art Gewebe gab es damals noch nicht". „Vielleicht haben sich Männer von der Küste Senegals oder besser Gambias, wo dieses Holz vorkommt, ein solches Kanu gebaut, um über den Fluss Gambia flussabwärts zu kommen". Das Alter des Bootes schätzen die Freunde vorläufig auf ca. Dreitausendsechshundert Jahre, denn erst danach bauten die Ägypter ihre bekannten Sonnensegler und die Phönizier machten das Mittelmeer unsicher. „Die Insassen, etwa drei bis maximal vier Männer könnten den Gambia hinab bis zur Mündung bei Banjul gepaddelt sein." „Das wäre für Fischer mit einem solchen Boot schon eine große Leistung gewesen. Aber mit diesem Kanu weiter zu fahren, möglicherweise aus Versehen an den Kapverdischen Inseln vorbei, hinaus auf den Atlantik, das ist unglaublich, ja todesmutig aber offensichtlich wahr". „Vielleicht waren sie auf der Flucht vor wem auch immer", bemerkt nun einer der Männer. „Man wollte auf die Inseln und wurde vorbeigetrieben. Jedenfalls müssen sie auf weiter Strecke das Glück der Tüchtigen d.h. günstige Strömung gehabt haben und zwar hunderte Kilometer, immer nach Südwesten". „Na klar, irgendwann über den Äquator und an irgendeiner Stelle über den Südatlantischen Rücken Richtung Südamerika". „Das kann ich mir kaum vorstellen." „Um dann, nach all der Anstrengung, schließlich doch noch im Delta umzukommen"? "Das kann niemand sagen. Vielleicht fielen sie Krankheiten zum Opfer, hatten nicht genügend Proviant an Bord, oder wurden im Sumpfgebiet von feindlich gesonnenen Eingeborenen empfangen, wer weiß". „Im Tigerdelta gab es zwar keine Tiger, das war, wie wir heute wissen ein Irrtum. Aber der Jaguar war hier zuhause und könnte auf Beutejagd unterwegs gewesen sein." „Oder sie könnten bereits auf der Überfahrt im Atlantik umgekommen sein und das Boot fand mit den richtigen Passatwinden seinen Weg alleine hierher".

„Nein, das nicht, denn es gehörte menschliche Kraft dazu, den Rio de la Plata hinauf zu schippern". „Vieles ist denkbar. Dachten wir nicht immer schon, dass Menschen aus Afrika den südamerikanischen Kontinent schon vor sehr langer Zeit erreicht haben könnten? Dies wäre vielleicht ein Beweis dafür. Der Schlamm hat das Holz gut versiegelt. Wunderbar. Das ist der Hit für unsere Profession"! Nun meldet sich Herr Schwarz vorsichtig zu Wort. „Wollen Sie das Boot nicht einer Carbon-Untersuchung zwecks Bestimmung des Alters unterziehen lassen"? „Ja natürlich, das muss sein".

## Der Einbrecher

Junge Leute fliegen meist nach Mallorca, legen sich dort an den Strand, um die Sonne auf ihrem Körper zu genießen. Abends feiern sie dann zusammen mit Gleichaltrigen das Leben. Unternehmungslustige Alte jedoch, denen soeben ihre Rente oder Pension bewilligt wurde, machen sich auf nach Asien, Mexiko oder klettern gar im Himalaja herum. So ab siebzig wird diese Art der Reisen zu anstrengend und man bleibt lieber in Europa. Da gibt es wunderschöne Landschaften zu erleben und vor allem Dome, Kirchen und Kathedralen. Nicht dass man zum Alter hin besonders religiös würde, aber große Baukunst überwältigt, wie auch Gemälde in den Museen stark beeindrucken. Auch in den Konzertsälen lauschen meist grauhaarige Köpfe der klassischen Musik. Um solcherlei Kunstgenuss im nahen Ausland zu erleben, reist man in netter Gesellschaft per Bus und lässt sich die Dinge vor Ort von einem Reiseführer erklären. Ob das Wetter gut ist oder weniger spielt nicht die ganz große Rolle, denn im Bus wird man nicht nass und in Kirchen und Museen ist es schließlich ebenfalls trocken. Eine von diesen Reisen macht das Ehepaar Weller in diesem Jahr nach Irland.

Hier ist die Landschaft geprägt von flachen kargen Höhenzügen. Die Landschaft liegt grün in grün vor dem Betrachter, mit den schnellen vom Meer darüber hin getriebenen Wolken. Dazwischen immer wieder Sonnenflecken über den mit Hecken begrenzten und damit gesicherten immergrünen Weiden.

Zur Übernachtung der Reisegruppe ist ein 4-Sterne Hotel gebucht. Da die Fahrt bereits am nächsten Morgen wieder weiter gehen soll, haben Wellers ihre Koffer, wie meist bei solchen Besichtigungsreisen gar nicht erst ausgepackt, sondern lediglich geöffnet vor den Betten stehen. Frau Weller ist noch wach und hört Geräusche vor dem Haus. Ein lautes Flüstern, das kein Ende nehmen will. Deshalb geht Frau Weller ans Fenster, wo sie am frühen Abend die obere Fensterhälfte heruntergeschoben hat. Nun stellt sie sich etwas verdeckt hinter den linken Teil des Stores aus geblümtem Irischen Leinen. Was sie nun sieht, erscheint ihr unglaublich. Ihr stockt der Atem. Ein Mann zieht sich neben der Haustür an einem Balkon hoch. Einbrecher, schießt es ihr durch den Kopf. Alle Balkone sind sehr schmal, mit schmiedeeisernen Geländern versehen, weniger zum Verweilen geeignet, als Dekorationsobjekte des Hauses anzusehen. Fluchs übersteigt nun dieser schwarz gekleidete junge Mann den ersten Balkon und erklimmt den nächst höher gelegenen. Frau Weller schaudert, doch rührt sich nicht. Von diesem zweiten Balkon aus, sie kann es nicht glauben, gleitet der Mann herüber und fasst nach dem Geländer ihres Balkons direkt vor ihrem Fenster. Oh Gott, wo will der nur hin, fragt sie sich atemlos. Womit sie bei all dem überhaupt nicht gerechnet hatte, passiert nun tatsächlich. Von dem Geländer ihres Balkons direkt vor ihrer Nase reckt sich der junge Mann hoch zu dem unteren Rahmen des offenen Fensters. Daran hält er sich fest und schwingt sich mit einem Salto durch das offene Oberteil des Fensters herein. In diesem Moment schreit Frau Weller laut auf. Der dunkle Herr jedoch erhebt sich, murmelt ein „excusé moi", umkreist geschickt ihre beiden Koffer auf dem Boden und geht zur Tür. So schnell wie er hereingefallen war, so schnell ist er auch schon wieder draußen. „Was machst Du da draußen, komm doch ins Bett", meldet sich nun ihr Mann, den sie mit ihrem Schrei auf- geweckt hatte. „Einbrecher" stöhnt nun Frau Weller „komm, schnell hinterher". So kommt es, dass Ehepaar Weller in Schlafan- zügen die Freitreppe des Hotels heruntersteigen, um zu beobach- ten, wie der schwarze junge Mann zur Haustür eilt, den Schlüssel umdreht und seine Begleiterin hereinlässt. „Französisch hat er gesprochen, um davon abzulenken, dass er ein gemeiner irischer Dieb ist", sagt nun Frau Weller zu ihrem Mann. „Number twen- tyfour" sagt nun die junge Frau zu ihrem Partner und der geht hinter den Empfangstresen, wo er den Schlüssel mit der Nr. 24 abhängt. Beide gehen nun den gegenüberliegenden Treppenteil aufwärts und verschwinden tatsächlich im Zimmer Nr. 24. Wen beklauen die wohl jetzt in diesem Zimmer, geht es den Wellers gleichzeitig durch den Kopf. Deshalb drückt Herr Weller nun sehr vorsichtig und mutig den Griff der Tür Nr. 24 herunter. Die Dame war wohl im Bad verschwunden und der Herr steht in Unterhosen und legt seine Hose sorgfältig in Bügelfalten über einen Stuhl. „Die gehen hier tatsächlich zu Bett" sagt Herr Weller rückwärtsgewandt, während er vorsichtig die Tür wieder schließt.

Am nächsten Morgen spricht der Reiseleiter lediglich von einem Missgeschick. Das irische Paar war lange unterwegs gewesen und hat vergessen, einen Hausschlüssel mitzunehmen. „Den kleinen goldenen Klingelknopf in der Wand neben der Tür hatten sie mit ihrem Suffkopf natürlich nicht entdeckt" klagt Frau Weller noch einige Zeit und findet im Bus viele neugierige Zuhörer für ihre Geschichte. Als die Reisegruppe längst über alle Berge ist, schläft das Pärchen seelenruhig seinen Rausch aus.

## Weiße Zigeuner

Am Straßenrand ein Esel
im Abendsonnenglanz
Er kam mit den Gesellen
wohl aus dem Wiesenland

Drauf reitet ein kleines Äffchen
zwei rosige Knaben führen ihn
posieren für Touristen,
erbitten für ein Foto Geld.

In Irland gibt es Zigeuner,
die sehen aus, wie Du und ich
Einst wurden ihre Ahnen
vertrieben von Scholle, Bett und
Tisch.

Das Land nahmen die Briten.
Die Iren sollten Pächter sein.
Zum Leben blieb zu wenig,
Erträge waren viel zu klein.

Drum packten sie ihre Habe
und fuhren von Hof zu Hof,
verdingten sich bei der Ernte,
verkauften, was ihre Hände
schuf.

# Die blaue Katze

Herr Schäfer ist auf Geschäftsreisen in China zu einem Vertragspartner. Er soll dort eine größere Anzahl Jeans einkaufen. Tagelang verhandelt er über Menge und Preis. Die ökologischen Bedenken in Deutschland nimmt man hier sehr ernst. Die Fabrik, wo seine Hosen entstehen, hat eine Kläranlage hinter der Produktion. Deshalb fahren die chinesischen Partner am nächsten Tag mit ihm hinaus zur Fabrik. Und tatsächlich, hier in der Halle sieht alles hell und freundlich aus. Die Näherinnen erscheinen zufrieden in der Art, wie sie die Gruppe der Besucher anlächeln. Hinter der Produktionshalle werden Herrn Schäfer mehrere große Becken gezeigt, in denen Farb- und Giftrückstände aus dem Wasser herausgefiltert werden.

Am Abend wird er zum chinesischen Essen eingeladen. Es schmeckt in seiner Vielfalt wirklich köstlich und der Alkohol fließt reichlich. Herr Schäfer hat den Mittelweg zwischen mithalten und sich zurückhalten eingeschlagen. Von den anderen Gästen unbemerkt, hat sich ein Kätzchen an ihn herangeschlichen und umschmiegt seine Beine. Als ein Kellner dies entdeckt, verjagt er das liebe kleine Geschöpf. Herr Schäfer sieht nur noch, dass das Kätzchen ein erstaunlich blaues Fell hat. Welche seltene Rasse das wohl ist?

Am nächsten Morgen ist Abreisetag. Er erledigt die Formalitäten und bestellt ein Taxi zum Flughafen. Als er dem Fahrer seinen Koffer übergibt und das Taxi besteigen will, ist wieder dieses blaue Schmusekätzchen um seine Beine herum. „Nein, wie süß", sagt er etwas verschämt. „Tut mir leid, ich muss weg", flüstert er dem Tierchen zu. Dieses aber lässt nicht von ihm ab und so kann er schlecht die Autotür zuschlagen. Ein Griff nach unten und schon hebt er die Katze ins Auto. Er birgt sie in seinem lockeren Mantel. Im Flughafen nimmt er sie als Begleitgepäck, in einer Reistasche verstaut, mit in den Flieger. Von der reichlichen Bordverpflegung gibt er ihr hin und wieder ein für sie geeignetes Häppchen ab.

Zurück in Deutschland ist seine Frau entzückt über das Mitbringsel. Sicherheitshalber geht sie in den nächsten Tagen mit dem Kätzchen zum Tierarzt. „Woher hat ihr Mann diese Katze"? fragt der. „Nun, aus Xiangtan in der Provinz Guangdong, wo er immer die Jeans einkauft". „Wissen Sie, Frau Schäfer, in einem Fernsehbericht habe ich kürzlich gesehen, dass es dort noch viele kleine Färbereien gibt, die ihre Abwässer einfach in einen Bach einlassen. Das Wasser verfärbt sich daraufhin total blau. Mäuse und sogar Ratten nehmen die Farbe an. Warum also nicht dieses

Kätzchen? Denn, wenn Katzen auch grundsätzlich eine Abnei-
gung gegen Wasser haben, so ist es doch möglich, dass dieses
Kätzchen seine Abscheu der begehrten Mäuse wegen überwun-
den hat".

## Licht ist Leben

Nein, nein, nein. Wie konnte mir das passieren. Helfen wollte ich. Kenntnisse und Fähigkeiten als Arzt einbringen und denen zu Gute kommen lassen, die mich dringend brauchen. In den Favelas dieses Landes herrschen teilweise schlimme Zustände. So schlimm, wie ich es mir nicht hätte träumen lassen. Nun sitze ich hier im Gefängnis. Hoffentlich wird meine Organisation informiert.

Ich war in der Stadt, klar. Ich wusste, es wird dort demonstriert, auch klar. Vorwiegend Indios waren es, die dort ihren Protest hinaus geschrien haben. Sie wollen einen Anteil haben am Gewinn im Ölgeschäft. Das Land aber hat Schulden. Wirklich schwierige Verhältnisse, das gebe ich zu. Dennoch, ich stand auf der Seite der Demonstranten, das gebe ich zu. Aber „Widerstand gegen die Staatsgewalt", was sie mir vorwerfen, das stimmt einfach nicht. Mitten im Menschengewühl kamen zwei Polizisten auf mich zu. Wieso eigentlich zu mir? Die sahen blonde Haare und helle Haut. Damit war ich für die wahrscheinlich ein Anstifter. Ihrer armen Bevölkerung trauen sie die Wut zwar zu, nicht aber die Organisation einer Großdemonstration. Also ich! Die Polizisten fragten nicht lange, sondern packten mich Knüppel schwingend, sofort mit hartem Griff. Wie ein Boxer hielt ich die Arme vor Kopf und Gesicht. Das geschah völlig instinktiv. Und daraus machen die jetzt „Widerstand gegen die Staatsgewalt". Ich sollte mich erkundigen, wie lange man hier normalerweise auf seinen Prozess warten muss. Aber bei wem? Ich habe keinerlei Kontakte. Ich bekomme nur Wärter zu Gesicht, die das Essen hereinschieben und einmal in der Woche muss ich auf meine Pritsche hinauf, wenn der Mann seinen Putzeiner in die Zelle schüttet und das Wasser anschließend mit einem Rechen mit Gummikante zum Gully schiebt. Das ist immerhin eine Abwechslung, auf die ich immer schon warte. Der Mann hat ein rundes Indianergesicht, die schwarzen Haare sind zu einem Zopf zusammengebunden. Der Hals ist ziemlich kurz und mündet in einen breiten Brustkorb. Die Arme sind muskulös. Dies trifft sicher auch für die kurzen Beine zu. Das schönste an ihm ist sein breites Begrüßungslächeln. Es hat so etwas Kumpelhaftes. Ich schaue, wie die Feuchtigkeit am Boden nach und nach abtrocknet. Erst wird der Boden in der Mitte des Zimmers heller. Nach und nach schluckt die warme Luft das dunkle Grau. Unter dem Bett hält die Feuchtigkeit sich am längsten. Könnte man so ein modernes Bild malen? Mit anderen Farben vielleicht, aber mit Fließeffekt?

Gemütlich kann man die Einzelzelle nun wirklich nicht nennen. Zementfußboden mit zwei Rissen, die zum Gully hin ein V bilden.

Ehemals weiß getünchte Wände; untenherum vollgekritzelt und bemalt. „Hier habe ich gelitten, gebetet und gehofft, Ramos"! steht dort in roter Kinderschrift. Ziemlich hoch oben, ein vergittertes Fenster. Ich sehe nur Himmel und den oberen Teil einer Baumkrone. Wenn ich nur wüsste, was für ein Baum das ist. Ich kann es einfach nicht erkennen. Ich kann überhaupt nichts mehr erkennen. Alles was ich weiß, habe ich vor langer Zeit erkannt. Ich schaue noch einmal zum Fußboden, um zu sehen, ob der Boden jetzt gänzlich getrocknet ist und ich wieder vom Bett herunter kann.

Ich weiß nicht, ob ich spinne, aber dort, in der Hauptlinie des V's ist ein grüner Stips. Ich habe nichts fallen lassen und etwas Grünes schon gar nicht. Nun gehe ich auf die Knie, um genauer zu sehen. Es ist ein winziges Blättchen, das sich nicht wegwischen lässt. Es ist fest verankert in der Bodenritze. Du meine Güte, denke ich. Am Ende ist dort ein Samenkorn von dem unbekannten Baum hineingefallen. Aber nein, das kann nicht sein. Bäume haben Eicheln, Bucheckern oder Kastanien. Alles Früchte, die viel zu groß sind für diese Ritze.

In der nächsten Woche, bitte ich den Putz-Indianer, dass er mir seine Werkzeuge überlässt. Ich will meine Zelle selber sauber machen bedeute ich ihm. Daraufhin stellt er tatsächlich Eimer und Schrubber in meine Zelle und schließt wieder hinter sich zu. Der

Indianer versteht, dass ich mich nützlich machen will und von nun an praktizieren wir jede Woche das gleiche Ritual.

In dem Wasser sind sicher scharfe Putzmittel, sage ich mir und lasse deshalb um meinen grünen Punkt herum eine trockene Stelle. Dort gebe ich mit dem Zahnbecher ein paar Tropfen Wasser hinein. Mein Pflänzchen wird größer und größer. Ich stelle mir schon Blüten vor und bunte Falter oder Bienen, die zum Bestäuben hereinfliegen. Ich spreche zärtlich mit dem jungen Grün und sogleich wandern meine Gedanken zu hübschen Frauen hin. Schon nach einigen Tagen breitet mein Pflänzchen dünne Nadeln aus. Werden das einmal Äste, also doch ein Baum? Eine Tanne, eine Fichte, ein Weihnachtsbaum vielleicht? Es müsste jetzt Ende November sein. Nach etwa sechs Wochen weiß ich, es wird kein Baum. Es ist eine Pflanze, sogar eine Heilpflanze, genannt Schachtelhalm. An einem dieser Tage kommt ein Notar zu mir in die Zelle. Hier sind Ihre Entlassungspapiere, sagt er und überreicht mir ein Bündel Papiere. Hinter ihm steht schon der Beamte mit der Schlüsselgewalt. „Wie ist die Begründung?" frage ich. „Es gibt zu Weihnachten eine allgemeine Amnesty für Gefangene, denen Schuldhaftigkeit schwer nachzuweisen ist. Außerdem haben sich Ihre Leute für Sie eingesetzt". „Herzlichen Glückwunsch und alles Gute für die Freiheit". „Danke" murmele ich und bin schon auf dem Weg durch die Tür. Doch mitten im Gehen zögere ich. „Was ist", fragt der Notar. „Meine Grünpflanze", sage ich. „Wie bitte", fragt er zurück, während ich zur Mitte des Raumes gehe und meinen Schachtelhalm vorsichtig aus der Fußbodenritze herausziehe. So tiefe Wurzeln, das hätte ich nicht gedacht. Doch dann habe ich das Pflänzchen in der Hand. „Hier, haben sie ein Blatt Papier". Ich wickle mein Pflänzchen in notariellem Briefpapier ein und stehe wenig später tatsächlich vor dem Gefängnistor. Freunde haben in der Nähe das Auto geparkt. Nun steigen beide aus. „Frohe Weihnachten" sagen Moritz und Jordan jetzt fast gleichzeitig.

„Frohe Weihnachten", erwidere ich und habe dabei ein Gefühl von schwimmenden Augen.

## Gerettetes Leben

„Aufhören", rufe ich und die jungen Bauern halten erschrocken inne. Ihr wisst genau, dass es ein Gesetz gibt, das Euch verbietet Witwen zu zwingen, ihrem verstorbenen Ehemann zu folgen. Die Frau liegt bereits angebunden und reglos auf einem Stapel aus Holzknüppeln. Die Kanne mit Öl hat einer der Männer in der Hand.

Ich bin Missionar im Punjab, einer Region im Norden Indiens. Hier ist die Verwaltung und Gesetzgebung schon etwas moderner, als im Süden. Doch leider passiert es immer wieder, dass junge Frauen getötet werden, weil ihr Ernährer gestorben ist und die Brüder sich die Bürde der Verantwortung nicht auferlegen wollen. Auch wir Engländer können diese Handlungsweisen in den abgelegenen Dörfern noch nicht ganz ausschließen. Welchen Reichtum an Humanität und Mitmenschlichkeit bietet dagegen doch die christliche Religion.

In England, besser gesagt, in South of Wales, wurde ich in einer armen Bergarbeiterfamilie geboren. Auf der „public school fiel ich dem Lehrer auf, der mich für die Priesterschule vorschlug. Meine Eltern waren nur froh, einen Esser weniger zu haben, als der Priester sie bat, mich auf das Internat der Church of England zu geben. Dass ich nicht dumm war, das hatten auch meine Eltern bereits gemerkt. Aber sie hatten keine Vorstellung davon, wie ich etwas anderes werden könnte, als Bergmann, wie Vater und vor ihm Großvater, denn wir waren arm und konnten nicht über ein größeres Stück Land verfügen. So lernte ich außer Theologie schließlich Latein und Griechisch. Später kam etwas Medizin hinzu. Kurz nach meiner Priesterweihe bin ich zusammen mit Männern aus Militär und Verwaltung hierher nach Punjab gekommen. Es ist ein wunderschönes Land mit herrlichen Menschen. Sie haben gute und schlechte Traditionen. Sicher sind sie großer Liebe fähig. Doch können sie auch mit der größten Selbstverständlichkeit Leben zerstören.

„Leisha, bist Du nicht Leisha", sage ich zu der jungen Frau, die eben von ihren Brüdern losgebunden und vom Holz heruntergeführt wird. „Komme mit mir in die Missionsstation. Wir haben sicher Arbeit für Dich". Bleich und zitternd vor Angst kommt sie vorsichtig zu mir herüber, ohne noch einen einzigen Blick auf ihre versammelte Verwandtschaft zu werfen.

**Das verlorene Paradies.**

Im Grenzland steht Ali. Ein sandiges Gebiet zwischen den Häusern seiner Siedlung dort hinten, wo er mit seiner Familie lebt, nicht doch, lebte muss es heißen, denn er ist ja gegangen und dem Feindesland Israel dort drüben.

Niemand wagte es, hier noch etwas zu pflanzen.

Der Feind war zu nahe und außerdem unberechenbar.

Ali wollte noch schnell in den Schatten des Olivenbaumes huschen. Doch er fühlte sich nicht so beweglich wie sonst.

Der Gürtel hing schwer an ihm.

Einer der Männer drüben hatte ihn entdeckt.

Aufgeregt rief er nach seinen Kameraden.

Zu dritt richteten sie nun die Feldstecher auf ihn.

Das war schon fast so schlimm wie jetzt,

da sie, das Gewehr in Anschlag, auf ihn zielten.

Nun stand für ihn fest: Er, Ali hatte es nicht geschafft.

Oder doch? Wenn er jetzt zünden würde?

Aber nein, das wäre nichts weiter als ein verächtlicher Selbstmord.

Für sein Volk wäre er kein Held und schlimmer noch,

er hätte keine Leistung erbracht, die ihn direkt ins Paradies führen würde.

Was hatte sein Onkel Mohammad gesagt?

„Reiße ein paar Feinde mit in den Tod, dann eröffnet sich Dir ein wunderschöner Weg ins Paradies."

Das schien ihm damals eine sehr gute Sache.

Aber wieso wusste das Mohammad eigentlich so genau?

Ja, es ist wahr, er hatte schlechte Noten in der Schule.

Aber solches Wissen bekam man doch nicht in der Schule.

Eher schon in der Moschee. Mohammad war viel in der Moschee.

Auf dem Nachhauseweg von der Schule
hatte Ali damals ein Kofferradio mitgenommen,
das einfach so auf der Straße stand.
Kaputt dachte er, das hat jemand weggeworfen.
Vielleicht könnte man es reparieren.
Danach würde er es seiner Mutter schenken.
Doch danach gab es ein Riesentheater.
Er hätte dem Achmed das Radio gestohlen, sagten nun alle.
Er sei gänzlich verdorben. Die Liebe und Fürsorge
seiner Eltern würde er mit Füßen treten.

Und irgendwann war Mohammad, der Bruder seiner Mutter im Haus. Der hatte viel Gelegenheit mit ihm alleine zu sprechen.

Wieso eigentlich? Wo doch sonst immer alle beieinander saßen.

Verschaffte die Familie ihm absichtlich diese Gelegenheit?

Hatte sich seine Familie von ihm abgewendet?


Mohammad sprach von den vielen Helden des Landes.

Er zeigte ihm die Fotos all derer, die es geschafft haben.

Deren Eltern waren nun stolz auf diese Söhne und mit ihnen das ganze Land.


„Hände hoch", brüllen nun die Soldaten.

Ganz langsam bewegen sich seine Arme nach oben.

Nicht geschafft, nicht geschafft, denkt Ali immer wieder

und dabei rinnen ihm heiße Tränen die Wangen hinunter.


Er schnieft und leckt sich die Tränen von den Lippen.

So salzig schmecken also Kummer und Verzweiflung.

Es kostet ihn so viel Kraft, die Arme oben zu halten,

weil sein ganzer kleiner Körper schluchzend erbebt.


Die drei Männer kommen jetzt immer näher.

Sie gehen mehr und mehr auseinander.

Nur der Mittlere kommt direkt auf ihn zu.

Verschwommen sieht er dessen dunkle Augen.

Der hat ja Angst wie ich, obwohl der so viel

älter und stärker ist, denkt Ali.


Die beiden anderen kommen seitlich heran.

Das ist ihm viel unheimlicher.

Er sieht sie nur aus den Augenwinkeln.

Und schon packt der Mittlere zu.

Er hält ihm die Oberarme so fest,

wie ihn noch niemals jemand angefasst hat.

Tränen und Schluchzen sind plötzlich verschwunden.

Der zweite und der dritte Soldat sind jetzt auch bei ihm.

Vorsichtig knöpft der eine ihm das Hemd auf.

Danach sind sie damit beschäftigt, ihm den Gürtel abzuschnallen.

„Geschafft", sagt nun einer der beiden.


Nein, nicht geschafft, denkt Ali.

Soeben ist das Paradies entflogen,

weit und immer weiter entfernt es sich von ihm.

Hoffentlich nicht für immer.

**10 Jahre nach der Flucht!**

Ein Foto in der Zeitung zeigt drei Kinder auf dem Bordstein sitzend an einem Straßenrand in München. Sie sehen sich ähnlich und könnten Geschwister sein von etwa neun, sieben und fünf Jahren. Der Kleine ist müde. Er hat mitten im Getriebe die Augen geschlossen. Die Schwester, sie dürfte Erstklässlerin sein, schaut geistesabwesend zur Seite. Auch sie scheint erschöpft. Nur der ältere Junge beobachtet hellwach seine Umgebung. In den Armen hält er einen dicken Fußball. Den Fußball drückt er an seinen Bauch und davor halten seine Hände noch eine braune Tüte mit Obst und Gebäck. Die Kinder sind nicht alleine. Hinter Ihnen sieht man, wie sich Männer und Frauen dicht gedrängt hin und her bewegen. Sie kümmern sich darum, an den schnell aufgebauten Ständen das Lebensnotwendige zu suchen und zu finden, bevor die Reise weiter geht.

Diese drei Kinder sind seit 4 Monaten aus Syrien auf der Flucht, nachdem ihr Haus und das Geschäft des Vaters in Trümmern lag. Als Schreiner fertigte er wunderschöne Bilderrahmen, die häufig mit Blattgold überzogen wurden. Seine Kundschaft waren meist wohlhabende Bürger. Mohamed, der älteste Sohn fand es selbstverständlich, eines Tages bei dem Vater das Handwerk zu erlernen. Aber nun fuhren sie quer durch die Türkei. Dort lebten sie mal hier, mal da, über mehrere Wochen. Das Geld, das sie mitgenommen hatten, wurde immer weniger, denn Arbeiten durfte in der Türkei kein Syrer. Schließlich entschieden die Eltern, die Flucht fortzusetzen. Es muss sein, sagte Vater. Wir müssen eine kurze Strecke übers Meer. Aber das machen viele, warum nicht wir. Das Meer hatten sie noch nie gesehen und die Kinder dachten, das wäre ein großes Abenteuer. Ja, ein Abendteuer war es in jedem Fall. Doch verbunden mit sehr viel Angst. Das Meer war überhaupt nicht so wunderschön blau, wie auf den Fotos im ehemaligen Reisebüro. Nein, es war dunkelgrau und hatte irre hohe Wellen. Immer mussten sie denken, dass eine Woge das ganze Boot mit all den vielen Menschen verschlingen würde. So sehr hatten sie sich bei Allah noch nie bedankt, wie in dem Moment, als sie gemeinsam auf dem Fleck griechischer Erde standen, auf der man tatsächlich wieder laufen konnte, wie man wollte. Bis hier nach München, hatten sie volle 4 Monate gebraucht. Deutschland war inzwischen ihr Traumbild, das sie vor sich hertrugen und wahr machen wollten. Nun sind sie also angekommen. Noch nicht richtig natürlich, doch schließlich saßen die Kinder auf deutschem Boden und aßen das, was freundliche deutsche Helfer und Helferinnen ihnen gaben.

10 Jahre sind seither vergangen und Mohamad, der älteste Sohn, schreibt seine Eindrücke und Erlebnisse in ein Tagebuch. Natürlich nicht in arabischer, sondern in lateinischer Schrift, wie alle seine Mitschüler. Frau Grafe, seine Lehrerin hat ihm das empfohlen, damit sich sein Schriftbild verbessert.

Die neue Heimat ist Frankfurt-Höchst geworden. Hier ist alles sehr viel anders als zu Hause. Die meisten Frauen tragen hier weder Schador noch ein Kopftuch, wie meine Mutter. Die Männer sitzen auch nicht auf dem Bürgersteig, wo sie sich Stühle aus dem Haus hinstellen, sich unterhalten und vielleicht eine Wasserpfeife rauchen. Das habe ich in Höchst noch nie gesehen. Auch reden die Menschen draußen meist leise und nur zueinander und nicht so, dass viele andere es mitbekommen. Jeder lebt irgendwie für sich. Es gibt überhaupt keine richtig großen Familien, wie früher bei uns, die sich alle gut kennen und gegenseitig helfen, wenn es einmal nötig ist. Unser Vater hat bald Arbeit bekommen und wir mussten nicht mehr zum Amt gehen, um uns das Geld zum Überleben dort abzuholen.

Ich bin jetzt schon 19 Jahre alt. Vater drängte mich immer, dass ich nur ja in der Schule ordentlich lerne. Auch zu Hause musste ich noch viel für die Schule arbeiten, damit ich gute Noten bekam. Mit den Mitschülern verstand ich mich schnell gut. Da gab es außer mir noch andere, die nicht in Höchst geboren waren, sondern in Marokko oder Sizilien. Mit 18 hatte ich einen guten Abschluss der „mittleren Reife" in der Tasche und begann eine Schlosserlehre. Das war in der ersten Zeit sehr hart. Immerzu musste ich schleifen und fräßen. Jetzt bediene ich schon große Maschinen. Zweimal in der Woche besuche ich eine Berufsschule für Maschinenbau. Mein Vater ist stolz auf mich und stellt mich seinen Kollegen bei Gelegenheit gerne als seinen tüchtigen Sohn vor. Auch Mutter ist stolz auf mich. Das sehe ich, wenn ich sie auf den Markt begleite. Im Vergleich zu ihr, bin ich recht groß geworden und sehe auch ganz gut aus.

Meine Schwester Ira ist jetzt 17 und schon eine hübsche junge Dame. Sie hat das Friseurhandwerk gelernt und wird manchmal schon zu extra Kursen ins Ausland eingeladen. Dort erlernen sie die neuesten und oftmals ziemlich verrückten Haarschnitte. Den Eltern behagen solche Reisen überhaupt nicht, doch ihr macht das großen Spaß und sie empfindet es als eine Ehre, eingeladen zu werden.

Der kleine Bruder Mustafa geht noch zur Schule. Er ist dort richtig gut, denn der hatte seinen Einstieg in die Schule frühzeitig in Deutschland und musste nicht erst vom Arabischen ins Deutsche umlernen. Wenn alles so weitergeht, dann macht der hier am Gymnasium in zwei Jahren sein Abitur. Dann wird er studieren. Angeblich steht ihm dann beruflich die Welt offen.

Wir haben es nie bereut, uns vor 10 Jahren auf den Weg gemacht zu haben. Allerdings hatten wir auch keine Alternative. Vater wird manchmal traurig, wenn er an die alte Heimat Syrien denkt. Aber, wie es jetzt dort aussieht, das wäre nicht das Syrien, das er kannte und wohl noch immer liebt.

## Flüchtlinge oder Neubürger?

Unsere beiden Enkel besitzen seit Weihnachten jeder ein durch Fernsteuerung zu bewegendes Auto. Stolz dirigieren sie diese Fahrzeuge durch die Straßen unseres Wohngebietes. Dann den Fußweg hinauf zu der „Halfpipe"-Anlage neben dem Sport- und Spielplatz. Gottlob waren augenblicklich keine Radfahrer auf der Bahn, so dass sie ungestört ihre Fahrzeuge über die kurvenreiche Strecke bergauf und bergab fahren lassen konnten. Doch schließlich gab Robert auf. Sein Auto schaffte es nicht mehr den Hang hinauf zu kommen. Es rutschte abwärts und blieb stehen. Robert nahm es, schmutzig wie es war, in den Arm und kam damit zu uns auf den Fußweg zurück. Mit unzähligen Papiertaschentüchern aus Großvater Jackentasche reinigte er sorgfältig sein kostbares Spielzeug, auch die Batterie. Er nahm sie heraus und setzte sie wieder ein. Da neigte sich ein junger braunhäutiger Mann, den wir nicht kommen sahen, in unseren kleinen Kreis zu ihm herunter und fragte, ob er helfen könne. „Nein danke", sagte unser Enkel höflich, die Batterie scheint leer. Auch ein weiterer Versuch brachte das Auto nicht wieder zum Laufen. Der junge Mann setzt seinen Spaziergang mit Frau und Kind rund um die Wiesen wieder fort. Auf unserem Nachhauseweg fragt unser Enkel, wieso dieser Mann gefragt habe, ob er helfen könne. Ich erklärte ihm, dass er wahrscheinlich aus dem Flüchtlingslager komme, wo er manche Hilfe von Bürgern erhalte und nun sich selbst helfend einbringen wollte. Vielleicht ist er ein Syrischer Ingenieur, der gerne wieder beschäftigt wäre.

Wenige Tage später holte ich die Buben von der Turnstunde ab. Wir umrundeten die hell erleuchtete Albanus Kirche, eine katholische Marienkirche, aus der wunderschöner Gesang erklang. Das war kein Kirchenchor, der für den kommenden Sonntag übte. Nein, das klang schön aber anders. Neugierig geworden, öffnete ich einen Spalt breit die Kirchentür. Drinnen standen Männer, die uns freundlich hereinbaten. „Nur für einen Moment", sagte ich und wir gingen den Gang zwischen den Bankreihen nach vorne. Der Altar war insofern verkleidet, als ein großes Marienbild mit goldener Kuppel von wallenden Stoffen umkränzt, davorgestellt war. Als Abschluss des Ganges direkt vor dem Altar saßen Männer in schwarzen Gewändern mit weißem Turban. Rechts vom Altar stand eine Gruppe weiß gekleideter Frauen und links eine Gruppe ebenso gekleideter Männer, die im Wechsel sangen. Das alles war sehr eindrucksvoll. Erst als wir wieder dem Ausgang zustrebten erkannte ich, dass auch viele braunhäutige Menschen in den Sitzreihen diese weißen Gewänder mit bunten Bordüren über ihrer Wintergarderobe trugen. Was sind das für Leute, fragten wir uns hinterher. Zigeuner, vermutete Robert und da mich dieses Thema einige Tage nicht zur Ruhe kommen ließ, fragte ich telefonisch im Büro der Kirchenverwaltung nach. „Das sind Erit-reer, oder Äthiopier, oder beides, die unsere Kirche hin und wie-der nutzen", erhielt ich zur Antwort. Da sie teilweise mit Autos vorfuhren, dürften sie nicht zu der Million Flüchtlinge gehören, die seit Wochen nach Deutschland strömen. Nein, die müssten schon einige Jahre hier in der Region ansässig sein und gut Geld verdienen, vermutete Robert schlau.

Eine Woche später berichtet uns Robert, dass er einen Aufsatz mit der Note eins zurückbekommen hat. „Und was war das Thema"?

„Unsere Begegnung mit Flüchtlingen", sagte er und war sichtlich stolz.

## Leben hinter der Front

Das Saarland war 1917 mehr als das übrige Deutschland geprägt von den Kriegsaktivitäten vor und hinter der nahen Front. Das Städtchen V. an der Saar war Umschlagsplatz von kriegswichtigen Gütern jeglicher Art wie auch von Soldaten. Zu den Gütern gehörten außer Lebensmittel und Bekleidung auch Geschosse fast aller Kaliber, Draht für Stacheldrahtzäune, Infanterieschutzschilde und Stahlhelme direkt aus der Produktion der Stahlhütte. 468 russische Kriegsgefangene sorgten dafür, dass der immer schneller werdende Warenfluss nicht versiegte. Häufig konnte man die jungen Soldaten auf offenen LKWs sehen, wie sie frohgemut mit unschuldigem Blick winkend, an die Front verladen wurden. Bei Nacht durchquerten LKWs die Stadt in umgekehrter Richtung. Ihre Ladung waren entweder Verwundete, die in ein Spezial Lazarett gefahren wurden oder Tote, die irgendwo in der ländlich hügeligen Umgebung begraben werden mussten.

Herrmann Rochmann hatte das alles oft genug beobachtet. Seine beiden Brüder leiteten die Fabrik. Er konnte seinen Platz im elterlichen Unternehmen nicht finden. Um dem Unternehmen dennoch dienlich zu sein, studierte er Jura. Seine Leidenschaft jedoch war die Musik. Er hatte eine wunderschöne Stimme. Mit seinem Bass-Bariton sang er all die romantischen Schubert Lieder oder er war Solist in Bachs Passionen. Wenn er die Figur von Jesus in der Matthäus Passion sang, dann drückte nicht nur seine Stimme Leid, Schmerz und die Zuversicht auf das Reich Gottes aus, sondern er verkörperte in seiner ernsthaften hageren Größe auch selbst das Leiden Jesu. Er lebte alleine, nur mit der Hilfe einer Dienstmagd in einer alten Patriziervilla am Fluss. Spät hatte er eine sehr junge Adelige geheiratet, die aber nach kurzer Ehe auf rätselhafte Weise verstarb. Herr Rochmann war UK gestellt, aber hin und wieder stellte er sein Fahrzeug und sich selbst zur Verfügung. Diesmal musste er einen Eiltransport an die Front bewerkstelligen. In diesen Tagen hatte ich Gelegenheit, seine Villa zu betreten. In der Diele hing nahezu lebensgroß das Bildnis seiner wunderschönen Ehefrau. Ein sehr blondes Haar umrahmte ein liebliches Gesicht mit einer sehr feinen hellen Haut. Etwas Kühles aber irgendwie Überirdisches ging von diesem Wesen aus. Woran war sie verstorben?

Als ich einige Zeit später die Treppe des Gerichtes nach oben ging, um dem Richter Hunold einige Unterlagen über Deserteure und andere feindlich gesonnene Personen zu bringen, kam Staatsanwalt Rochmann gerade aus dessen Zimmer. „Haben Sie mit Ihrer Vorarbeit wieder einige Köpfe rollen lassen, fragte ich halb scherzhaft". Doch Herr Rochmann ging mit ernster Miene an mir vorbei. Erst dann bemerkte ich einen Polizisten, der ihm dicht auf den Fersen folgte, vielleicht sogar am Handgelenk mit ihm verbunden war". „Was ist mit Herrn Rochmann", fragte ich beim Eintreten Richter Hunold. „Schrecklich, schrecklich", stieß dieser erfahrene Mann nun erschüttert aus. „Was ist passiert"? "Ich musste ihn festsetzen. Er wird überführt in unser kleines Gefängnis im Rathaus. Nein, so schrecklich, ich kann es gar nicht glauben". „Was zum Teufel können Sie nicht glauben"?

„ Er ist so ein bedeutender Mann, zudem noch mein Schwager, denn ich bin mit seiner Schwester verheiratet. Ich kann ihn nicht verurteilen, unter gar keinen Umständen". „Aber vielleicht ist alles nur ein Irrtum und lässt sich auflösen". Das ist leider sehr unwahrscheinlich, denn er hat gestanden". „Was hat er gestanden". „Nun, den Mord gestern Abend an der kleinen Tausendschön unten am Fluss". „Was, wie? Haben wir nicht genug Tote in dieser Zeit". „Das sagte ich auch. Aber er ist auf seltsame Weise beherrscht und gleichzeitig total verwirrt. Liebe sei es, die in der Welt fehlt und deshalb, nur deshalb würden wir so schrecklich an dem Krieg leiden. Er wollte der Kleinen etwas Zärtlichkeit entgegenbringen, sie nicht töten". „Wer ist Tausendschön"? „Kennen Sie nicht die hübsche Kleine vom Wirt der Grünen Gans"?. „Ja sicher, das kleine flachsblonde Mädchen, das immer die Tischdecken auflegt und Brot und Wein darauf stellt". „Ja, genau die. Sie wurde heute Morgen am Flussufer gefunden; erwürgt". „Das gibt`s doch nicht. Wieso dieses kleine Mädchen". „Er murmelte immer etwas von mangelnder Liebe und dass er nur zärtlich sein wollte. Das Kind hat sich aber offensichtlich gewehrt". „Aber dieses Mädchen, es ist doch noch gar keine Frau". „Die Männer aus der Fabrik machten zu der Zeit gerade Überstunden. Sie arbeiteten noch im letzten Tageslicht. Wie die ausgesagt haben, stand Herr Rochmann zusammen mit der kleinen Tausendschön am Geländer der Brücke, die über den Seitenarm des Flusses führt. Sie unterhielten sich. Die Kleine war auf dem Nachhauseweg und hatte die 5,- Reichsmark einstecken, die sie sich bei Ihrer Tante mit Sticken verdient hatte. Sie wählte diesen Weg, um den Soldaten in der Innenstadt auszuweichen. Danach gingen die beiden wohl hinunter zum Fluss. Er legte seinen Arm um ihre Schulter und die Arbeiter sahen, wie sie ihn abwehrte. Danach hatten die Arbeiter Feierabend. Aber offensichtlich probierte er es erneut, sie zu berühren und als sie ihn wieder heftig abschüttelte, hielt er sie entsetzlich lange fest, so fest, dass sie nur noch unter ihm niedersank. Mit einem Bein im seichten Uferwasser, fanden sie unsere Polizisten heute früh. Von dieser Stelle aus ist mit wenigen Schritten das Tor zu erreichen, das zum Park seiner Villa führt. Vor diesem Tor wurden die fünf Reichsmark gefunden, die das Mädchen bei sich hatte". „Wollte er einen Raubmord vortäuschen oder hat er nur versehentlich aufgehoben und wieder fallen gelassen"? „Jedenfalls bricht dieses Geldstück ihm das Genick und ich will nicht derjenige sein, der ihn verurteilt". „Können wir daraus nicht eine militärische Angelegenheit machen? Ab und zu wird Herr Rochmann doch auch von Ihrer Behörde eingesetzt. Denn die Todesstrafe wäre ihm sowieso sicher". „Nun ja, da ließe sich etwas arrangieren, hier so nahe der Grenze. Auf kriegswichtiger Fahrt vom Feind erschossen! Wie wäre das"? Ihre Familie hätte ein Mittglied auf ehrenhafte Weise verloren und die Eltern des Kindes hätten mit dem Tod des Übeltäters auch eine Genugtuung". „Das wäre optimal. Sie sind Polizist, holen Sie ihn ab, wann immer Sie es einrichten können. Ich will und kann ihn nicht mehr sehen".

# Der Pilger

Bernhards Gedanken kreisen um die Religion. Um das, was das Leben ausmacht und um das, was es vielleicht sein könnte. Hat er sich von Gott gelöst oder sich ihm unterworfen? Er weiß es nicht. Es gibt die Anziehung und die Ablehnung gleichermaßen. Den Charakter des Humanismus verehrt er und glaubt, eine natürliche Moral verinnerlicht zu haben. Hat er aber immer nach dieser Maxime gelebt, auch wenn gut und schlecht nahe beieinander lagen? Es gibt so viele Fälle des einerseits und andererseits. Man kann meist beides gut nachvollziehen. Moral und Gerechtigkeit sind nicht immer identisch. Da gut hindurch zu finden, das ist eine besondere Kunst des Lebens. Könnte Gott dabei behilflich sein?

So viele Menschen sprechen von Santiago de Compostela. Sogar Reisebusse fahren dorthin in den Nordwesten Spaniens. Wer gut zu Fuß ist, der lässt nur das Gepäck voraus transportieren. Andere fahren die anstrengenden Streckenabschnitte per Bus und laufen den Jakobsweg nur abschnittweise. Wieder andere packen nur das Nötigste in einen Rucksack und sind wochenlang zu Fuß unterwegs. Plötzlich treibt ihn dieses Thema um. Natürlich würde er marschieren. Aber von wo? In Bilbao wohnt seit Jahren seine Schwester, die dort verheiratet ist. Die würde ihm auch sicher einen guten Tipp geben, wie er von Bilbao aus weiter käme.

In León auf den Pilgerweg einzusteigen, das könnte er sich gut vorstellen. Wie viele Tage müsste er für diese ca. 300 km einplanen? Schätzungsweise drei Wochen Urlaub Ende April. Das müsste sich machen lassen. Aber was würde seine Frau dazu sagen. Die käme bestimmt nicht mit. Er müsste ihr eine Alternative anbieten. Ein paar Tage Venedig vielleicht, da will sie schon lange hin. Schon wird ihm ganz euphorisch zumute.

Schließlich steht die Familie seiner Schwester am Bahnsteig und winkt ihm zum Abschied zu. Das Lächeln der Lieben ist eine Mischung aus Bewunderung und Verwirrung. Seine Wanderhose, die festen Schuhe, der Hut mit der breiten Krempe und das Kurzarmhemd für die schönen sonnigen Tage. Im Rucksack trägt er weder Iso-Matte noch Schlafsack mit sich herum. Er wird in einfachen Herbergen übernachten. Aber für kühle regnerische Tage hat er den weiten Lodenmantel dabei, den er vor Jahren aus Schottland mitbrachte. Damit die Vorderseite des Mantels nicht allzu sehr vom Wind auseinander geweht wird, gibt es auf der Innenseite des Mantels Schlaufen, die er, wenn nötig, um die Waden binden kann. Um den Hals gebunden baumelt eine Wanderkarte und zwischen den Seiten etwas Geld. So gerüstet zieht er die Fensterscheibe seines Abteils herunter und winkt mit dem großen Hut eines Schäfers seiner Schwester zum Abschied.

León ist eine sehr schöne Stadt mit einer wunderbaren Kathedrale und einer pittoresken Altstadt darum herum. Doch dann diese prächtige Häuserfront, die Außenseite des ehemaligen Klosters von San Marcos aus dem 16. Jh. Durchgängig im Renaissancestil und zwar in der für Spanien typischen Variation. Dieser ist durch seine überreiche Dekoration charakterisiert. Die monumentale Fassade schätzt er auf sage und schreibe 100 m Länge. Heute ist in diesem Gebäude ein PARADOR untergebracht. Eine Tasse Kaffee als Gast vor diesem Haus, bedient durch einen höflichen Kellner, sollte sein letzter gastronomischer Luxus sein.

Er ist nicht der Einzige, den man sofort den Pilgern zuordnen kann. Überall begegnet man solchen Leuten, die meist in einfachen Refugios übernachten und ihren Bedarf an Verpflegung und Ausstattung in der Stadt zusammensuchen. Er kauft sich noch einen recht großen Wanderstab, der angeblich sehr wichtig sei. Früh am nächsten Morgen macht auch er sich auf den Weg. Bald umgibt ihn einsame Landschaft. Er genießt Ruhe, schätzt die Abwechslung der Vielfalt natürlicher Farben, die weichen Formen langgezogener Täler und Hügel. Die Anstrengung nimmt zu und schließlich lässt er sich in einer Unterkunft erschöpft aufs Bett fallen. Hat er sich da zu viel vorgenommen? Nach zwei Stunden Ruhe geht er zum Essen und fühlt sich wie neu geboren. Andere

Pilger sitzen mit ihm an den Holztischen. Sie kommen miteinander ins Gespräch. Doch er will sich niemanden anschließen und verlässt am nächsten Morgen schon sehr früh das Haus.

Erst nach dieser dritten Etappe plagt ihn ein schrecklicher Muskelkater. Soll er einen Tag aussetzen? Niemals, sagt der Wirt, an dem die Pilger täglich vorüberziehen. Die Waden mit Franzbranntwein einreiben und weiter geht's. Etwas weniger Kilometer sollten es am dritten Tag vielleicht schon sein. So nimmt er erneut sein Bündel und zieht des Weges. Seltsamerweise mit dem Bild des hlg. Georg im Kopf, der den Drachen tötete. Ist das nicht Sinnbild des Triumphes des menschlichen Geistes über jegliche Art von Anfechtung? Und dies, wo er doch den Weg des hlg. Jakob marschiert.

Jakob, der ältere Bruder des Evangelisten Johannes, hatte die iberische Halbinsel missioniert und erlitt nach seiner Rückkehr in Jerusalem im Jahr 44 n.Chr. den Märtyrertod. Nun erzählt die Legende, dass sein Leichnam nach Galizien, dem nördlichsten Teil Spaniens, dem damals vermeintlichen Ende der Welt und gleichzeitig dem Ort seiner Predigten,  überführt worden sei und dass er in Compostela seine letzte Ruhe fand.

Auf dem Weg nach Astorga an dem Wegkreuz von Santo Toribio hat man einen phantastischen Panoramablick mit den Bergen im

Norden und Westen und den Türmen der Kathedrale von Astorga im Vordergrund. Die Landschaft wird nun allmählich trockener. Die fast schulterhoch wehenden Weizenfelder liegen nun weit hinter ihm und um ihn herum gibt es nur noch steppenartige Weiden ohne großen Bewuchs. Er schleppt sich bergauf in das Leon Gebirge, wo ihm einige wenige der einsamen Hunde begegnen, vor denen seit Jahrzehnten gewarnt wird. Nun, im freien kampieren, das würde er wegen der niedrigen Temperaturen hier oben auch sicherlich nicht tun. Schließlich übersteigt man hier 1.517 Höhenmeter, die auf einer Strecke von etwa 6 km beibehalten werden. Unten im Tal angekommen, erreicht man über eine alte Römerbrücke den malerischen Ort Molinaseca. Hier ist das Wasser eines Flusses gestaut und man kann wunderbar baden.

Tatsächlich ist nun, am vierten Tag sein Muskelkater gänzlich vorbei. Die Region zwischen Kastilien und Galicien ist sehr fruchtbar. Ponferrada ist das Zentrum dieses Gebietes, wo es außer der Landwirtschaft auch Kohle- und Eisenvorkommen gibt. Auch an der Templerburg, einem bedeutenden Zeugnis mittelalterlicher Militärarchitektur aus dem 12./13. Jh. kommt er vorbei. Hier haben die Templer, ein geistlicher Ritterorden aus Jerusalem, den Weg der Pilger nicht nur über den Fluss Sil gesichert, sondern sich auch um deren finanzielle Barschaft, die durch Überfälle durchaus gefährdet war, gekümmert. Pilger konnten je nach Bedarf an verschiedenen Stellen, Teile von ihrem bei den Templern deponierten Geld abheben. So entstand das erste Bankwesen. Die Templer machten sich den Schutz der Heiligen Stätten und der Pilgerwege zur Aufgabe.

Bernhard von Clairvaux erreichte 1128 die päpstliche Bestätigung für die Unternehmungen der Templer. Er stammte aus Burgundischem Adel und machte die Zisterzienser zum führenden Orden der Zeit. Er war ein Meister der Redekunst und wurde die Trompete Europas genannt. Dadurch gewann er sowohl bei weltlichen Potentaten, Königen und Kaisern und dem Papst einen großen Einfluss. Das ist doch der gleiche Bernhard von Clairvaux, dem es gelang, König Ludwig VII. von Frankreich und Konrad III. von Deutschland für den II. Kreuzzug zu gewinnen. Die vielen teilweise verarmten Ritter beider Länder sollten den Raubzügen innerhalb ihrer Länder abschwören und durch Religiosität ihre Gesinnung verändern. Es gibt heute wohl niemanden mehr, der an den damaligen Kreuzzügen etwas Positives fände. Clairvaux selbst übte durch die Macht seiner Persönlichkeit; die Lauterkeit seines Wesens, die Kraft seiner Frömmigkeit und seine mitreißende Beredsamkeit im 12. Jh. einen unglaublichen Einfluss aus. Die Kreuzzüge waren schließlich religiös begründet und stellten daher einen gewissen religiösen Fanatismus dar. Als ein vom

Papst anerkannter Ritterorden waren die Aktivitäten der Templer inzwischen wirtschaftlich und gesellschaftlich so erfolgreich, dass sie viele Jahre später König Philipp IV. ein Dorn im Auge waren und Papst Klemens V. im Jahr 1312 auf dem Konzil von Vienne den Orden nach knapp 200 Jahren wieder auflöste. Daraufhin gab es mehrere Prozesse und Verfolgungen der Templer. Zu ihrem Verhängnis wurde, dass sie geheimnisvolle Rituale praktizierten, die es ihren Gegnern leicht machten, ihnen Satanskult und Hexerei vorzuwerfen. Einfache Templer Mönche, die meist weder schreiben noch lesen konnten, flohen vor allem nach Portugal, wo sie den Schiffsbau erlernten oder bis nach Schottland, wo ihnen die Künste der Steinmetze vertraut wurden. Einige von ihnen sollen später in den Dombauhütten ihr Auskommen gefunden haben, wo manche ihrer Rituale überleben konnten. Eine Übernahme von Teilen ihrer Zeichen, Sinnbilder und Rituale durch die Freimaurer im 17. Jh. ist also durchaus denkbar. Bernhard genoss diese Gedankenabschweifungen durchaus und zwar in dem Bewusstsein, dass er für solcherlei weder in seiner Berufswelt noch im privaten Leben mit Familie und Freunden je Zeit gefunden hätte.

Nach weiteren zehn Tagen ist Bernhard beim Wandern unerwartet von einer großen Leere erfüllt. Er wandelt wie in Trance. Gefühle, die er niemals kannte, steigen in ihm auf. Wenn er sie beschreiben sollte, fände er keine Worte. Vielleicht könnte das Gefühl einer großen All-Einheit, alles ist verbunden mit allem, seine Befindlichkeit am besten beschreiben. Das verrückte Gefühl einer Leere, die aber gleichzeitig bis zum Rand angefüllt ist mit Wohlgefühl, mit Euphorie, steigt in ihm auf. Er ist glücklich. So könnte es weitergehen bis in alle Ewigkeit. Seine Bewegungen sind fließend ohne bewusstes Zutun. Sie verselbständigen sich. Es gibt keine spürbare Anstrengung. Erholung, denkt er, Stillstand, unbewusstes Leben ohne Zwänge, wahrscheinlich der Meditation sehr nahe. Eine Auszeit für den Geist bei gleichzeitiger Konzentration auf das Wesentliche. Ist das die Erholung von der Geschäftigkeit, den ständigen Anforderungen des Alltags, fragt er sich im Nachhinein. Ist diese absolute Betriebsamkeit vielleicht das falsche Leben? Ist diese Wirklichkeit ständiger Anforderungen übertrieben, nicht naturgemäß? Oder ist diese wunderbare Leere irreal? Allmählich wird ihm klar, dass jedes für sich genommen für ihn keine Lebensphilosophie sein könnte. Zukünftig wollte er beides leben. Die Leere, das Auspendeln, das Entspannen will er sich in gewissen Abständen gönnen und ansonsten auch die anregende Aktivität, die Betriebsamkeit als Voraussetzung für beruflichen Erfolg, für die Erweiterung von Wissen, von Erfahrungen, leben.

Der erste galizische Ort nach einer Passhöhe ist O-Cebreiro. Hier befand sich einst eines der wichtigsten Pilgerhospitäler. In diesem Dorf gibt es noch heute die runden Häuser mit Strohdach, die so genannten Pallozas. Sie gehen auf eine vorrömische Zeit, eine mehr als 2500 Jahre alte keltische Bautradition zurück, die sich in den Bergen der Provinzen Lugo und Leon bis in unsere Tage erhalten hat. Hier werden noch Traditionen gepflegt, wie das Spielen der „gaita", einer Art Dudelsack. Der Hexenglauben ist angeblich ebenfalls noch nahe. Galicien hier im Nordwesten der liberischen Halbinsel ist in vielerlei Hinsicht etwas Besonderes. Die Landschaft ist grün, da es oft regnet. Leider hat man vielerorts das ökologische Verbrechen begangen, massenhaft Eukalyptusbäume anzupflanzen, was zwar gut riecht, sich aber nicht mit den einheimischen Pflanzen und Tieren verträgt. Galicien ist sehr bergig, was eine rationelle Nutzung des Bodens erschwert. Kleine Streusiedlungen, in denen meist die Armut zu Hause ist, dominieren die Landschaft. Der alte Ort Portomarin versank in den 60er Jahren im Wasser des Stausees. Die Kirche San Nikolás, eine romanische Wehrkirche mit wunderbarem Portal, wurde beim Bau des Stausees Stein für Stein abgetragen und oben auf der Höhe originalgetreu wieder aufgebaut. Sehr originell in dieser Gegend sind die hórreos d.h. Maisspeicher, die an alte Häuser in der Schweiz erinnern, denn sie stehen wie dort auf Stelzen aus Granit, damit

Mäuse keine Chance haben hinauf zu klettern. Das Gebäude selbst ist aus Holz und sehr gut durchlüftet, damit der Mais gut trocknet.

Wie wurde Santiago zu dem, was es heute ist? In der nordwestlichsten Ecke Spaniens, im asturischen Einflussbereich wurde um das Jahr 813 das Grab des Apostels Jakobus entdeckt, der in Spanien den Namen Santiago = San Jacobo, erhielt. Dem Bezirk Asturien kam diese wundersame Beziehung zur Heilsgeschichte damals sehr gelegen, um vom christlichen Europa politische und wirtschaftliche Unterstützung im Kampf gegen das maurische Spanien zu erhalten. Als dann im Jahr 844 der Apostel Santiago angeblich in der Schlacht von Clavijo bei Lograno erschien und die Christen zum Sieg über die Mauren führte, begann die Pilgerschaft nach Santiago.

Die Stadt liegt in der sehr waldreichen Provinz Coruna. Die prachtvolle Kathedrale betritt Bernhard zusammen mit einer bunten Schar verschwitzter, braun gebrannter Menschen. Drinnen im gedämpften Licht überfluten ihn die wunderbaren Farben der alten Kirchenfenster. Als größte Einzelfigur steht stattlich gewandet und mit Bischofsstab in der linken Hand, Santiago, der Heilige selbst. Alles, was ihm dazu einfällt, ist verrückterweise der Vergleich mit seinem Wanderstock, der ihm ebenfalls nicht nur bis Hüfthöhe, sondern eher bis zur Schulter reicht. Plötzlich wird der an einem langen Seil befestigte Weihrauchkessel, von heftiger Orgelmusik begleitet, im großen Bogen durch den Raum geschwenkt und das Gotteshaus ist erfüllt sowohl von bewegender Musik als auch Wolken eines süßlichen Duftes. Die glühenden Farben der mittelalterlichen Fenster und die erhabenen Formen des Gebäudes verbinden sich auf wundersame Weise mit Weihrauch und Musik. Ein rauschhaftes Erleben. All das nimmt er in einem Zustand totaler Öffnung und gleichzeitig in großer Ruhe wahr. Endlich ist er an einem großen Ziel angekommen, das er sich so nicht vorgestellt hatte. Aber wie hat er es sich überhaupt vorgestellt? Hat er inzwischen zu sich selbst gefunden? Möglicherweise! Draußen muss er sich eine Weile hinsetzen, um wieder der zu werden, der er ist. Nun, da er diese Reise gemacht, diese vielen Eindrücke gewonnen, dieses Santiago Erlebnis genossen hat, sitzt er auf einer niedrigen Mauer und lässt alles noch einmal revue passieren. Doch dann verlangt es ihn auch möglichst schnell wieder zurück in sein eigentliches Leben. Wie ist die nächste Zugverbindung nach Porto? Von dort aus fliegt er schließlich nach einer Reise, die er nie vergessen wird, über Bilbao zurück nach Deutschland.

## Die Fliege an der Wand

Ach, wie schön warm und kuschelig ist mein Bett heute, da ich so müde bin. Gute Nacht Franziska, sage ich zu mir selbst. Doch was surrt da im Zimmer herum? Das Geräusch kommt von hoch droben, zieht oberhalb des Kleiderschrankes an der Decke entlang. Nun kommt das Surren tiefer. Der Brummer zieht seine Bahn direkt über mir quer durch das Zimmer. Es wird lauter und lauter, ist ganz nahe, um sich dann wieder zu entfernen. Gib endlich Ruhe und setz dich irgendwo zum Schlafen nieder, denke ich. Es ist doch Winter und alle Insekten schlafen in irgendwelchen Erdlöchern oder nicht? Draußen dürfte das Thermometer jetzt um die 0 Grad anzeigen, das wäre dein Tod. Also, gib Ruhe, gute Nacht. Und tatsächlich, im Zimmer ist es wieder still.

Doch nach wenigen Minuten beginnt das Tier von neuem, seine Kreise über mir zu ziehen. Ob es sich um eine stechende Schnake handelt? Wohl kaum. Das Surren klingt eher nach einer dicken Fliege. Sie wird also nicht stechen. Bei diesen Gedanken rolle ich mich auf die Seite, ein Ohr auf dem Kissen und das andere unter der Decke und versuche zu schlafen. Ich konzentriere mich auf meinen Atem. Lasse auch diesen schließlich fallen, damit er langsamer und tiefer werde. Doch wieso höre ich das Vieh noch immer herumsurren? So geht das nicht, und plötzlich bin ich wieder hellwach. Ich laufe wütend in die Küche. Hole die Fliegenklatsche und kehre zurück ins Schlafzimmer. Ich knipse das Licht an. „Warte, nun ist es gleich aus mit deiner Ruhestörung. Wo steckst du, komm heraus, zeig dich. Hier kannst du sowieso nicht überleben. In meinem Schlafzimmer gibt es nichts Essbares für dich. Also machen wir es kurz! Auf, auf, fliege zum Licht hin, das tust du doch sonst immer". Aber nichts rührt sich. Es herrscht absolute Stille im Raum. Nun kriecht von den Füßen her Kälte in mich hinein. Schnell zurück ins warme Bett, sage ich mir und lasse die Klatsche einfach fallen. Vielleicht hat die Fliege sich vorerst müde geflogen und hält wenigstens so lange still, bis ich eingeschlafen bin. Und so ist es.

Beim Aufwachen habe ich überhaupt keinen Gedanken mehr an die Fliege. Ein neuer Tag will gelebt werden. Ein paar Telefonate, dann schnell ins Sport-Fitness-Studio. Beim Aufschütteln des Federbettes schaue ich zufällig an der Wand empor. Was ist das für ein dunkler Punkt an der Tapete? Die gemalte Blüte dort oben hatte doch niemals solch schwarze Staubfäden. Ein Fremdkörper also oder ein Fehler im Tapetenmuster? Anstatt die Sporttasche zu nehmen, hole ich jetzt die Leiter. Tatsächlich, die Fliege der Nacht hat sich hier zur Ruhe gesetzt. Sie sieht eigentlich wunderbar aus, so als Blütenkrone des roten Mohnes. „Halte bloß still", spreche ich nun die Nachtschwärmerin an. „Ich hole nur den Fotoapparat". Schnell setze ich das Makro Objektiv darauf und steige wieder die Leiter hoch. Ja, das wird ein wunderbares Bild. Danke, als Modell bist Du richtig gut mit dem bläulich grün schillernden Rücken und den filigranen Beinchen. Mit der Klatsche töten, nein, das geht jetzt nicht mehr. Außerdem, ich muss fort. Tschüs Fliege! Das Fenster ist gekippt! Finde den Schlitz nach draußen, viel Glück!

Am nächsten Morgen jedoch, liegt ein dicker schwarzer Klumpen auf dem aprikofarbenen Teppichboden und landet schließlich auf der Dreckschippe. Schade eigentlich!

## Die Geisha

Helmut fliegt mit einer Delegation aus seinem Unternehmen nach Tokio. Angedachte Wirtschaftsverbindungen sollen vor Ort auf ihre Machbarkeit überprüft und Geschäfte eingeleitet werden. Man verhandelt mit den möglichen Partnern bereits seit mehreren Stunden. Die Deutschen fühlen sich gerade gut mitten in ihren Ausführungen, als die Gastgeber vorschlagen, die Arbeit für heute zu beenden. Man will mit den Gästen im Hotel essen und sie anschließend in das Teehaus, das direkt nebenan liegt, führen. Helmut ist enttäuscht, dass der Tag nicht mehr an Substanz gebracht hat, dass sie in den Verhandlungen nicht wirklich weit gekommen sind.

Er geht hinaus in den außergewöhnlichen Park, der hinter dem Hotel liegt. Hier gibt es nur am äußersten Rand zwei hohe Bäume. Ansonsten wechseln unterschiedlich geformte Büsche mit Gräsern, Kiesflächen, großen solitären Steinen und kleinen Bonsai Gewächsen ab. Unerwartet steht Helmut vor einem flachen Gewässer, indem sich die Umrisse eines japanischen Holzhäuschens mit offener Veranda und vielen Schnitzereien spiegelt. Ein Schritt vom Weg ab und er balanciert über die flachen im Wasser liegenden Steinbrocken. Er springt so heftig, dass das Wasser aufspritzt. Hier ist niemand, der ihn beobachten könnte. Nachdem er den

Teich überquert hat, folgt er dem Weg über eine rote Holzbrücke und setzt sich nach wenigen Metern auf eine Bank. Er genießt die Ruhe. Es blüht und duftet allenthalben. Er atmet in vollen Zügen wohlige Sorglosigkeit und alle Anstrengungen des Tages scheinen von ihm abzufallen. Mit den Füßen zieht er vorsichtig Bahnen in den Kies, formt ein Herz. Als er wieder aufschaut, bewegt sich aus einiger Entfernung eine farbenfroh gekleidete Frauengestalt auf ihn zu. Er bewundert ihren zierlichen Gang, ihre weiße Haut, ihren prächtigen Kimono. Doch nun scheint ihr zierlicher Gang aus dem Rhythmus zu geraten. Sie schwankt. Wankend kommt sie ihm immer näher. Jetzt kann er erkennen, dass ihr Gesicht weiß geschminkt ist. Sie bemüht sich krampfhaft, ihn anzulächeln. Doch schon sinkt sie mit einem leisen Seufzer direkt neben ihm auf die Bank. Sie schließt die Augen und lässt sich sogar an seine Schulter gleiten. Er tippt sie vorsichtig an. Keine Reaktion. Er will Hilfe holen, doch ihr an ihm ruhender Körper hindert ihn daran aufzustehen. Weit und breit kein Mensch zu sehen. Doch jetzt eilt ein Page aus dem Hotel. Bevor dieser das Gebäude des Restaurants erreicht, muss er dessen Aufmerksamkeit gewinnen. Deshalb wedelt er mit dem freien Arm. Vorsichtig und nicht zu laut ruft er nach ihm. Der Junge merkt tatsächlich auf und kommt herüber. Helmut deutet auf die Frau. Schnell hat der begriffen und eilt ins Hotel zurück. Kurze Zeit später kommt er mit einem zweiten Mann zurück. Sie führen eine Trage mit sich. Vorsichtig legen sie die Frau, gleich einer Puppe, auf die Trage und laufen zum Hintereingang des Hotels. Helmut kommt instinktiv hinterher. „Ihre Zimmer Nr. bitte?", fragt man ihn an der Rezeption. Nein, nicht in mein Zimmer, ich kenne die Dame nicht. Wie war ihre Zimmer Nummer bitte, wiederholt jetzt der Page. Unwillig nennt Helmut die Nr. 313 und schon wird dem Pagen sein Zimmerschlüssel von einer Dame am Tresen herübergereicht. Die sonderbare Personengruppe benutzt den Lift während Helmut etwas verwirrt zu Fuß treppauf geht. Als er oben ankommt, verschwinden die Männer mit ihrer Last gerade in seinem Zimmer. Ohne zu fragen legen sie die Schöne auf sein Bett. Was soll er tun? Schon verlassen die beiden Hotelboys, sich ausgiebig verneigend, sein Zimmer. Soll ich hinuntergehen und mich beschweren, überlegt Helmut kurz. Die Frau auf seinem Bett atmet ruhig. Die Decke des Nebenbettes legt er vorsichtig über sie. Soll sie sich ausschlafen.

Ein Blick auf die Uhr ruft ihn zurück zu seinem eigenen Programm. Was braucht er für den Abend? Er bedient sich am Kleiderschrank mit Anzug, Hemd, Krawatte, legt sich alles über den Arm und verschwindet mit einem Blick auf die Ruhende, ins Bad. Er will sich viel Zeit nehmen und abwarten, wie sich die Dinge da draußen entwickeln. Vertrauen in sein Gastland, ist im Augenblick alles, was ihm bleibt. Er lässt Wasser in die Wanne einlaufen und freut sich auf ein ausgedehntes Badevergnügen. Schließlich muss er wieder heraus. Den beschlagenen Spiegel wischt er mit dem Ärmel seines Bademantels blank und rasiert sich. Doch seine Gedanken sind immer wieder bei ihr. Draußen ist es still. Er kleidet sich sorgfältig an. Schließlich hat er eine volle Wohlfühlstunde hier im Bad zugebracht. Er geht zurück ins Schlafzimmer und ist fast erschrocken, dass außer ihm niemand da ist. Wie das, ich habe nichts gehört? Die Wasserflasche auf dem Nachttisch, hat sie die geleert? Hat man die Dame jetzt doch ins Krankenhaus gebracht? Nun gut, das Problem wurde stillschweigend gelöst, so oder so.

Beschwingt läuft er die Treppe hinunter. Als er an der Rezeption vorbei kommt wird er von einem freundlichen Herren herangerufen. Post von der Firma? fragt er sich. Der Herr bedeutet ihm aber in perfektem Englisch, dass die Angelegenheit mit der kranken Dame in seinem Zimmer dem Hotel unangenehm sei. Doch mit Rücksicht auf andere Gäste habe man den Personallift genommen und sei in sein Zimmer ausgewichen. Das Haus bittet ihn sehr um Vergebung. Wenn er wolle, könne er heute Abend gerne seine Gäste zu einem kostenlosen Umtrunk an der Bar einladen. Mit einer leichten Verbeugung und den besten Dank murmelnd, geht Helmut hinüber zum Restaurant. Dort trifft er seine Mitarbeiter zum Dinner. Ein Hauptgesprächsstoff hier ist der anschließende Besuch im Tee-Salon nebenan wo Geishas bedienen. Die japanischen Gastgeber laden die Geschäftsfreunde dorthin ein. Geishas kennen die meisten nur von Bildern oder Filmen. Helmut ist im Augenblick nicht fähig über seine heutige Begegnung zu sprechen. Nach dem Essen gehen sie gemeinsam hinüber in das niedrige Holzgebäude im japanischen Stil, ebenfalls mit Zugang zum dahinterliegenden Park, wie er inzwischen weiß. Schon in der Tür werden sie von einer älteren aber noch immer wunderschönen Frau im Kimono begrüßt. Ihre japanischen Gastgeber stehen schon wartend seitlich an der Wand und begrüßten sie freundlich. Die Kimonodame führt nun jeden einzeln zu seinem Platz an einer langgestreckten Tafel. Stühle gibt es nicht. Stattdessen liegen in Abständen Sitzkissen auf dem Boden. Wo nur soll er mit seinen langen Beinen hin? Einige von ihnen lassen sich erst einmal auf den Knien nieder. Das ist schlau. Danach kann man immer noch versuchen, mit angewinkelten Beinen zu sitzen oder wenn das allzu ermüdend ist, die Beine auszustrecken. Die Dame vom Empfang lächelt ihm zu. Also ist alles in Ordnung. Ein japanischer Gastgeber spricht nun ein paar Worte der Begrüßung, bevor auch er sich geschickt niederlässt. Die Unterhaltung ist schwierig, denn stimmlich kann man nur die Sitznachbarn rechts und links erreichen. Deshalb sitzen die meisten eher still, lassen die Räumlichkeiten auf sich wirken und harren der Dinge, die da kommen werden. Nun geht rechts eine Tür auf und mit kleinen Trippelschritten kommen ein, zwei, drei, vier wunderschöne junge Frauen in unterschiedlich farbigen Kimonos herein. Sie verbeugen sich tief. Wie eine Monstranz tragen sie die Utensilien für eine Teezeremonie vor sich her. Helmut schaut immer wieder in eines der jungen Gesichter. Das ist doch die Kleine von heute Mittag! Wie kommt die hier her? Er sucht Augenkontakt. Doch ihr Lächeln gilt allen. Darf er sie ansprechen, wenn sie direkt vor ihm steht? Vielleicht. Darf er sie anschließend an die Bar einladen? Darf er erfahren, was mit ihr war und wie es ihr geht? Als dann tatsächlich sie es ist, die ihm den heißen Tee eingießt, murmelt sie leise: „Entschuldigung, ich hatte den ganzen Tag noch nichts getrunken. Ausgetrocknet, sagte der Arzt. Ich bitte vielmals um Verzeihung!" Ihre Nähe verwirrt ihn. Er verspürt Lust, sie zu berühren, ihren Kopf zu sich herunterzuziehen. Aber nein, das geht natürlich überhaupt nicht, denn in Wirklichkeit ist sie auch schon bei seinem Tischnachbarn von wo er ihr „bitte sehr" und sein „danke" hört. Er kann nur ihre geschmeidigen Bewegungen, ihre wunderschöne Erscheinung, ihr sanftes Lächeln bewundern. Sie so nahe gehabt zu haben, verschafft ihm ein Glücksgefühl, das ihn schweben lässt für den Rest des Abends.

**Die Schuhe könnten es bezeugen.**

Angelika läuft beschwingt auf den Gastgeber zu. Hallo Antonio strahlt sie ihn an und wedelt dabei mit einem Blumenstrauß in ihrer Rechten. „Herzlichen Glück...", sagt sie gerade noch im Näherkommen und schon knicken die Beine unter ihr hinweg. Sie rutscht, versucht vergeblich die Balance zu halten und gleitet nieder auf die grau weißen italienischen Fliesen. Mit der linken Hand versucht sie noch, den Sturz abzubremsen. „Aua", „hast Du Dir wehgetan?" fragt Antonio. „Ich glaube mein Handgelenk hat etwas abbekommen. Nicht so schlimm", sagt sie mit gebremstem Lächeln in die Runde.

„Du hast aber auch wieder entzückende Schuhe an." „Ja, die gefielen mir so gut, dass ich sie für Deine Geburtstagsfeier unbedingt kaufen musste". „Angelique, bitte, Du gefällst mir doch auch ohne solche Phantasiegebilde. Zeig mal her, ich verstehe noch immer etwas von Schuhen". Antonio dreht und wendet den ihm überreichten Schuh. Der Schwerpunkt könnte falsch bemessen sein. Was ich meine, das Gewicht der Trägerin muss exakt auf dem Mittelpunkt des Absatzes ruhen. Steht der Absatz jedoch leicht verdreht, so besteht die Gefahr, schräg abzurutschen." „Aber der Absatz sieht doch sehr gerade aus", widerspricht nun Angelika. „Nun, dann mag es umgekehrt sein, die Lauffläche ist möglicherweise leicht abgedreht zum Absatz. Die Anatomie des

Fußes muss im Schuh exakt nachvollzogen werden. Aber je weniger Material der Schuh aufweist, umso schwieriger wird es, dieses Prinzip einzuhalten. Aber, wenn wir Dich nicht zum Arzt bringen müssen, dann lasst uns jetzt den Begrüßungsdrink auf der Terrasse einnehmen".

Es wurde ein fröhlicher Abend. Doch in der Nacht schwoll Angelikas Hand derart an, dass sie am nächsten Tag einen Orthopäden aufsuchen musste. Der röntgte die Hand und stellte fest, dass es sich nur um eine Prellung, nicht aber um einen Bruch handelte. Glück gehabt! Sie bekam eine Schiene aus weichem Fließ bis kurz vor dem Ellbogen angepasst, die nach wenigen Minuten hart geworden war. Da hinein musste Sie die Hand legen und drum herum wurde ein Stretch Verband gewickelt. Als Angelika nun mit eingeschränkter Bewegungsfreiheit in ihrem Haus herumging, fiel ihr Blick auf die wunderschönen Schuhe vor ihrem Bett. „Ihr seid Teufelszeug", sagte sie laut, nahm sie mit nach unten, ging in den Keller und steckte sie voller Verachtung in den Kleidersack, deren Inhalt sie hin und wieder dem „Second Hand Laden" in Kommission gab. „Dort findet sich bestimmt eine Liebhaberin. Da bekomme ich wenigstens ein paar Euro zurück".

Erika schlendert durch die Kleinstadt auf der Suche nach einem ausgefallenen schönen Schuh. Ihr Sohn, ein tüchtiger junger Betriebswirt heiratet eine erfolgreiche Betriebswirtin. Beide arbeiten hart, haben mit ihren guten Gehältern aber gleichzeitig einen edlen Geschmack entwickelt. Als Mutter will Erika nun kein Krämerherz an den Tag legen. Doch ausgefallen schöne Schuhe sind sehr teuer. Gibt es hier im Umkreis inzwischen nicht mindestens drei An- und Verkaufsgeschäfte? Vielleicht sollte sie einfach einmal hineinschauen. Vielleicht, wer weiß, es könnte ja sein, dass sie dort etwas findet und schon steht sie vor der Auslage eines Geschäftes, das Antiquitäten, alte Bücher, Geschirr ebenso anbietet, wie Garderobe, Taschen und Schuhe. Die Lieferungen kommen aus Haushaltsauflösungen oder von Frauen, die sich bei ihrem persönlichen Outfit verkauft haben. Schon von draußen sieht Erika einen azurblauen Pumps mit Applikationen in Weiß und Gold. „Puuuh", stößt sie bewundernd zwischen den Lippen hervor. „Die sind ein Knaller, richtige Eyecatcher". Genau das Richtige zu meinem schlichten dunkelblauen Kostüm. Dazu mein alter, in Gold gefasster Aquamarine Schmuck. Das passt wunderbar. Sie probiert an. Die Schuhe passen und sehen wunderschön aus. Und ein solcher Preis, kaum zu glauben.

Am Tag der Hochzeit legt die Sonne ihr goldenes Flies über die alte Kirche, den Rasen drum herum, wie auch über die festlich gekleideten Menschen. Ein würdevolles Lächeln liegt auf den meisten Gesichtern. Am Arm Ihres Mannes betritt Erika die Kirche. Vor sich den Altar mit den bunten Glasfenstern dahinter. Die Holzbänke rechts und links sind voll besetzt. Plötzlich rutscht sie auf dem glatten Kirchenfußboden seitlich weg. Aber der Arm ihres Mannes hält sie. Seltsam, denkt Erika. Habe ich meinen Gang mit Turnschuhen schon so verdorben? Ich konnte doch früher immer so gut hochhackig gehen. Das anschließende Fest ist außergewöhnlich schön und verläuft ohne weitere Zwischenfälle. Als die meisten Männer spät abends nicht mehr tanzen wollen, lässt sich Erika alleine vom Rhythmus bewegen und tanzt zwischen den jungen Leuten, bis Müdigkeit auch ihr den rechten Schwung nimmt. Plötzlich rutscht sie aus und gleitet auf die Tanzfläche. Schnell wird ihr auf die Beine geholfen. „Die Schuhe sind dir zu groß", schimpft nun der Ehemann. „Du rutschst darin herum". „Nein, ganz und gar nicht. Wenn sie enger wären, würden sie drücken". Einige Tage später ist sie mit Freundinnen verabredet zu einem Besuch im Städel Museum. Dort wollen sie sich Hans Holbeins Madonna, die aus Darmstadt nach Frankfurt gekommen ist, näherbringen lassen. Die Ausstellungsräume liegen abgedunkelt gleich unten links in dem massiven Museumsbau am Mainufer. Aus dem Dunkel strahlt ihnen das Bild sofort entgegen. Detailzeichnungen, Vorstufen sollten erst angeschaut werden, doch

Erika wird magisch angezogen von der harmonischen Farbenpracht des Originals. Zügig geht sie dorthin, wo das zarte Weiß des Gesichtes, von einer goldenen Krone bekränzt, sich abhebt von einer mehrfarbig changierenden Halbmuschel. Und wie Maria den Blick auf das Jesuskind senkt. „O weh, ich kann mich nicht halten", entfährt es Erika und schon sitzt sie mit abgewinkelten Beinen auf dem Poo. Einige Frauen kommen gelaufen. „Was ist mit Ihnen? Warum bleiben Sie nicht in der Gruppe? Können Sie aufstehen?" Ja, Erika kann aufstehen. In der nächsten Stunde humpelt sie von Bild zu Bild. Man holt ihr ein Klappstühlchen, damit sie sitzend den Ausführungen der Kunsthistorikerin folgen kann. Das Fußgelenk schwillt mächtig an; wird später geröntgt und bandagiert. Ihrem Mann erzählt sie nicht, welche Schuhe sie an diesem Tag anhatte. Als es ihr nach einer Woche wieder gut geht, räumt sie die Schränke aus. Sie füllt einen Kleidersack und trennt sich tatsächlich auch von den wunderschönen blauen Schuhen. Irgendetwas stimmt mit denen nicht. Vielleicht bin ich auch nur zu ungeschickt, um darin zu gehen. Der Sack kommt vor die Haustür und wird am nächsten Tag abgeholt. Aus, erledigt! Die Männer werfen den Sack zu den anderen auf einen LKW. Von da aus geht es zu einer Lagerhalle, wo Frauen und Männer an langen Tischen aussortieren. Ein Teil wird nach Osteuropa, ein anderer Teil nach Afrika weiterverkauft. Der Rest kommt in die Maschine, wird zerrissen und zu Putztüchern verarbeitet. Die blauen Schuhe landen in einem großen Drahtkorb, mit der Aufschrift: Afrika.

Miss Tryna verlässt am frühen Morgen ihr Dorf. Die groß gewachsene junge Frau geht barfuß neben der Landstraße her. Ein lichter Wald wechselt mit Feldern, die schon abgeerntet sind. Hin und wieder weht eine Windböe so heftig rötlichen Sand herüber, dass sie den Körper abwenden muss. Als die ersten Häuser des Städtchens auftauchen, kommt ihr ein Kleinlaster entgegen. Der Mann am Steuer spricht sie durch das heruntergelassene Fenster an: „Hallo Tryna! Suchst Du nach Mweta"?. „Aber nein", antwortet sie voller Stolz. „Ich will auf den Markt". „Gut so", ruft er aus dem voll beladenen Wagen und schon ist er wieder weg. Natürlich will sie Ausschau halten nach Mweta. Er war ihr seit einem Jahr versprochen. Wie die meisten jungen Männer geht Mweta zur Arbeit in die Stadt. Doch er besucht sie seither nie mehr in ihrem Dorf und das betrübt sie sehr. Sie hätte andere Verehrer haben können, doch die wusste sie auf Abstand zu halten. Sie will ihren Eltern keine Schande machen. Sie nähert sich einem Stimmengewirr, das von Fahrradklingeln und Hupen durchmischt ist. Die Verkaufsstände stehen in dichten Reihen. Es schwindelt ihr ein wenig von den schnell wechselnden Bildern vor ihren Augen. Die herrlichsten Stoffe liegen direkt neben Gewürzen. Dann, unter der Über-dachung leuchtet in allen Farben das Obst und Gemüse. Tryna braucht Hirse. Die eigene Ernte ist noch nicht reif. An Küchenge-räten und Baumaterial geht sie achtlos vorüber. Niemand will mit ihr einen Hausstand gründen. Aber der afrikanische Schmuck lockt sie an. Wunderschön, was sich alles aus Muscheln, Nüssen, Schalen und Holz herstellen lässt, denkt sie im Weitergehen. In die hintersten Ecke hat jemand einen großen Tisch mit Hosen, T-Shirts und Schuhen aufgestellt. Da stehen sie. Azurblaue Schuhe. Vorne, in der Kuhle über den Zehen, prangt eine Rosette aus fei-nen goldenen Schnüren, eingerahmt von jeweils einer Halbmu-schel zu beiden Seiten. „Oh, sind die schön"! Die Verkäuferin lä-chelt ihr zu. „Wollen Sie probieren?" „Das geht leider nicht. Ich bin barfuß gekommen. Ja, in der Schule, da trug auch ich Schuhe, doch hier auf dem Land". „Mit solchen Schuhen können Sie auch hier die Männer auf sich aufmerksam machen", kichert jetzt die Frau ihr gegenüber. „Ich gebe Ihnen ein Tuch. Damit können Sie den Sand von den Füßen abwischen". Nun wusste Tryna nichts mehr zu sagen und lässt sich einfach hineinfallen in eine Traum-welt. Die Schuhe passen gut. Wer weiß, vielleicht würde sie Mweta begegnen. Wie der sie bewundern würde. Eigentlich brauchte sie noch Obst und Gemüse. Doch die Schuhe, die sind jetzt wichtiger. Sie bewegt sich einige Meter hin und her. Plötzlich hat sie einen vornehm schwebenden Gang. „Ich nehme die Schuhe", hört sie sich wie von Ferne sagen. Der Handel ist schnell abgeschlossen und Tryna stolziert selig durch die Stadt. „Oh wie schön, Dich zu sehen", ruft ihr nun jemand zu. „Oh, la la und so feine Schuhe"! „Hallo Lientjie, wie geht es Dir"? „Danke gut. Den Mweta wirst Du aber hier nicht finden. Meines Wissens ist er mit einem Freund zum Angeln am großen See. Wenn es gut läuft, wollen die vielleicht auch ein Boot kaufen und vom Angeln leben." „Ja, ja, ich weiß, behauptet nun Tryna". „Dann wünsche ich Euch Glück für die Zukunft", sagt Lientjie und verabschiedet sich. Etwas trauriger, als es mit diesen schönen Schuhen sein müsste, kehrt Tryna nun auf die Landstraße zurück. Jetzt geht sie nicht auf dem sandigen Straßenrand, sondern auf glattem Asphalt. Von hinten hört sie das Knattern eines Motorrades. „Hallo Tryna", hört sie eine Männerstimme näherkommen. „Soll ich Dir Deinen Korb nach Hause fahren?" Schon ist der Fahrer neben ihr, greift nach ihrem Korb und streift mit seinem linken Bein versehentlich ihren Körper. Tryna verliert das Gleichgewicht und fällt zu Boden. „Verzeih", sagt Freeki, der junge Mann. Als er ihr aufhelfen will, verspürt sie einen starken Schmerz in der Hüfte. „Setz Dich hinter mich, ich fahre Dich nach Hause". Sie kann nur das gesunde Bein über den Beifahrersitz heben, das schmerzende Bein hebt sie mit beiden Händen an, damit es nicht auf dem Boden schleift. Zu Hause im Dorf laufen die Leute zusammen. Man bringt eine Trage, legt sie vorsichtig darauf und bringt sie in ihre Hütte. Zwei Frauen heben Tryna auf ihre Bettstelle. Dort liegt sie viele Wochen. Irgendwann lässt der Schmerz nach, doch weil sie hin und wieder aufstehen muss und weil niemand das Bein geschient hat, bleibt es unnatürlich gespreizt. Die schöne Tryna bleibt ein Krüppel. Im Haus kann sie einige Arbeit verrichten, aber auf dem Feld ist sie nicht zu gebrauchen. Deshalb denkt sie unaufhörlich darüber nach, wie sie sich nützlich machen könnte. Schmuck herstellen? Dazu sind ihre Hände nicht geschickt genug. Hin und wieder wischt sie die Schuhe ab, die vor ihr in einem Regal stehen und so blau sind, wie der See an dem Mweta angelt. Diese wunderschönen Schuhe, diese Biester, diese Ungeheuer hatten Schuld an ihrem Unglück. Doch alle schwarze Magie, alles Böse war mit ihrem eigenen Unglück aus ihnen gewichen, davon ist sie überzeugt. Jetzt konnten sie nur noch Glücksbringer sein. Doch wie nur, wie? Schließlich beginnt Tryna die Rolle Kokosfäden, die schon lange in der Ecke liegen, zu Zöpfen zu flechten, um sie später zu einer Matte zu vernähen. Gern bewegt sie die drei Stränge in der Hand, meist die schönen Schuhe im Blick. Bei dieser Arbeit versinkt sie vollkommen in sich selbst. Ganz entfernt hört sie die Stimme ihrer Urgroßmutter, wie diese vor Jahren ihre

Sitzungen abhielt. Tryna konnte kein Wort verstehen, denn Urgroßmutter war einst aus einer anderen Gegend hierhergekommen. Die Melodie ihrer Worte jedoch, den Singsang kann sie jetzt deutlich erkennen. Irgendwann wird es ihr zur täglichen Freude sich in diese Stimmung zu versetzen. Immer sitzt sie in die Mitte des Raumes, lässt die Kokosfäden in den Händen kreisen und blickt dabei auf die Schuhe. Fast unmerklich formt sie dabei die Laute der Urgroßmutter nach. Sie besinnt sich, ohne sich wirklich zu besinnen und imitiert immer deutlicher die alte Frau, ohne zu verstehen, was diese damals gesagt hat. Als sie so viele Zöpfe hat, dass die Hütte überquillt und sie selbst fast keinen Platz mehr darin findet, beginnt sie, den Teppich schneckenförmig zusammen zu nähen. Die vertraute Stimme bleibt ihr auch bei dieser Tätigkeit treu. „Was redest du da", fragen Nachbarn, das kann doch niemand verstehen. Muss es auch nicht, antwortet Tryna so gelassen, dass jeder, der denken mochte, sie sei verrückt geworden, dies sofort nicht mehr für möglich hielt. Einmal kommt ein Fremder, ein Anthropologe ins Dorf und man lässt ihn an der Tür lauschen. Ich erkenne Wortfetzen aus einem von Berbern besiedelten Tal, sagt der. Aber auch in Tahiti gibt es diese Worte. Man geht davon aus, dass Tahitianer irgendwann in Afrika gelandet sind. Sie müssen vor sehr langer Zeit nach Westen aufgebrochen sein. Möglicherweise sind sie heftigen Wirbelstürmen oder sogar Vulkanausbrüchen entkommen und als große Segler, die sie waren, immer westwärts gesegelt. So können sie nach Aufenthalten in Australien, einer Segeltour über den Indischen Ozean auf Madagaskar oder gleich auf dem afrikanisches Festland gelandet sein. Dass sie in Ägypten waren ist bekannt, also warum sollte ein kleiner Stamm nicht auch in den Berbergebieten angekommen sein. Ihnen war die Erhaltung ihres Priestertums und ihrer geheimen Lehren von großer Bedeutung. Mit ihrer Spiritualität konnten sie ihre Mitmenschen stark beeinflussen. Und kriegerisch waren sie nie. Ah, sagte da der Dorfälteste, ihre Urgroßmutter kam aus dem Atlasgebirge. Das ist also die Erklärung, meint der Fremde. Übrigens, die Frau hier spricht von den drei Geistebenen, dem Bewusstsein, dem Unterbewusstsein und dem Überbewusstsein. Letzteres bedeutet die Kraft der Spiritualität, also des Göttlichen. Die Kahunas hatten mit ihrer Huna Lehre also längst vor Siegmund Freud das Wissen von den drei Bewusstseinsebenen. Sie wussten nicht nur davon, sondern pflegten so den Umgang damit, dass zumindest ihre Weisen wussten, wie sie diese spirituelle Kraftquelle nutzen konnten. Geistheilungen waren in Tahiti früher keine Seltenheit. Ich vermute, dass diese Frau hier unbewusst so meditiert, wie ihre Ahnen und sich dadurch ihnen geistig annähern kann. Mit diesen Worten entfernte sich der Anthropologe.

Irgendwann ist Trynas Teppich so groß, dass er nicht mehr in ihre Hütte passt. Sie legt ihn draußen aus und stellt die schönen Schuhe in die Mitte. Tryna erbittet sich vom Missionar eine große dicke Kerze, die sie zwischen die beiden Schuhe stellt. Das ist so schön anzusehen, dass junge Männer des Dorfes ihr ein Dach aus Palmblättern darüber bauen. Um zu verhindern, dass sich Hühner oder die Tiere des Waldes dahinein verirren, wurde noch ein kleiner Zaun darum herum gezogen und fertig war der kleine Tempel. „Diese Schuhe bringen Glück", verkündete nun Trynna jedem, der es hören wollte. „Eine Jungfrau, die damit geht und einmal den Teppich umrundet, ist für viele Jahre mit einer glücklichen Liebe gesegnet". Die Frauen kommen in Scharen. Tryna persönlich wäscht ihnen die Füße und spricht viel in der Sprache, die niemand versteht. Der Höhepunkt des Rituals ist der Rundgang auf dem Kokosteppich. Die Mütter der Mädchen zahlen ein gutes Geldstück und gehen glücklich lächelnd davon. Schließlich kommen auch betrogene Ehefrauen und Witwen. Sie kommen von weit her, um ihr Glück herauszufordern. Dann kommen sogar die Großmütter. Die wollen nur zuschauen und ergründen, was es mit dieser Zeremonie auf sich hat. Die alten Frauen sind im Zwiespalt. Das Messerchen zur Beschneidung tragen sie in der Rocktasche. Wenn dieses Ritual die gleiche Wirkung hätte. Sie würden dieses stattdessen akzeptieren. Der Widerstand prallte ihnen sowieso schon von allen Seiten entgegen. Wie aber war es mit der Tugendhaftigkeit? Deshalb fragen sie Tryna wiederholt. „Beschwörst du auch die Tugendhaftigkeit? Was hält diese jungen Dinger davon ab, sich an jeden ersten Mann zu verschleudern?" Tryna lächelt und sagt: „Diese Mädchen tragen nun das Glück in sich. Dies natürlich nur dann, wenn sie es nicht mit Füßen treten. Sie verstehen zwar nicht, wenn ich zu ihnen darüber spreche, aber ich verbinde mit dem Glück immer auch die Tugendhaftigkeit und versenke beides tief hinein in ihr Gemüt".

## Grün wie Klee

Simone fährt nicht mit dem Aufzug, sondern wählt die Treppe in den vierten Stock. Sie drückt die Glastür auf zur Onkologie und steht in einem Flur, der sich ebenso weit nach rechts wie nach links auszudehnen scheint. Rosenkohl, denkt sie. Heute Mittag gab es Rosenkohl. „Zimmer 461 bitte?" fragt sie eine vorbeihastende Krankenschwester. „Nach rechts, auf der linken Seite", kommt prompt die kurze Antwort. Simone folgt dieser Anweisung und steht schließlich vor einer breiten Tür mit dem Namensschild ihrer Mutter in einem kleinen Schubkästchen. Leicht auswechselbar, denkt sie. „Besucher bitte vor Eintritt die Hände desinfizieren", steht mit einem Pfeil in Richtung WC gleich darunter. Sie ist dankbar für die kleine Verzögerung. So kann sie sich noch etwas besinnen und ihren schnellen Atem zur Ruhe bringen.

„Hallo Mutter", sagt sie schon in der Tür und geht an das Bett einer Frau mittleren Alters. Die dunklen Haare umschmeicheln locker ein blasses Gesicht auch noch am 6. Tag nach der Operation. „Wie geht es Dir heute"? „Ach, danke, schon etwas besser. Allerdings bin ich die Einzige, die noch nicht draußen auf dem Flur herumspaziert. Einige derer, die am gleichen Tag wie ich operiert wurden, sind bereits entlassen. Andere laufen unten im Garten und im ganzen Haus herum. Die holen sich Zeitschriften am Kiosk oder essen ein Stück Kuchen im Kaffee". „Aber Mutter, Zeitschriften kann ich Dir bringen, welche auch immer Du möchtest und Kuchen auch. „Nun ja, das mag stimmen, aber das Schwierigste ist der Gedanke, dass ich damit Leben muss". „Womit musst Du leben"? „Du hattest Krebs, der wurde herausoperiert und nun wirst Du gesund, um hoffentlich nie mehr etwas damit zu tun zu haben". „Nun, genauso ist es eben nicht. Die Ärzte sagen: -Sie haben Krebs- und nicht -Sie hatten Krebs -. Nur die Auswüchse, das Geschwulst wurde entfernt. Dieses kann nun in der Tat keinen Schaden mehr anrichten. Meine Zellteilung aber war vom Positiven ins Negative gekippt, die Zellen haben verrückt gespielt und den Krebs entwickelt. Diese Neigung, verstehst Du, die bleibt mir erhalten. Ich muss mit dem Krebs leben und das erscheint mir so schwierig". „Mutter, da werden wir uns in aller Ruhe Gedanken machen, was Du an Deinem Leben verbessern oder ändern könntest, damit der Krebs nie mehr seine Krallen ausstrecken wird. Er wird gar keine Kraft mehr dazu haben, denn Deine Kraft wird größer sein und Dich deshalb gesund erhalten. Es gibt so manches, was man an der Ernährung ändern könnte. Mehr Obst und Gemüse, mehr Vollwertkost zum Beispiel. Darum werden wir uns kümmern. Viel trinken, soll man, wie du weißt. Am Tag etwa 2 Liter. Ich denke, das werden wir schaffen. Etwas Sport würde Dir auch nicht schaden. An dem Sportfitness Center fährst Du täglich vorbei. Vielleicht solltest Du auch einmal hineingehen. Auch ein richtiger Urlaub täte Dir bestimmt gut. Dann würdest Du nicht mehr sagen, dass es Dir zu Hause am besten gefällt. Der Garten kann Dich doch nicht den ganzen Sommer über beschäftigen"! „Das verstehst Du nicht. Im Garten gibt es in der Tat immer etwas zu tun. Aber ich werde schon zwei Wochen finden, in denen ich verreisen könnte". „Vielleicht bekommst Du dann auch etwas mehr Abstand von Vater. Du musst ihn ja nicht vergessen, aber auch nicht immer darüber grübeln warum alles so kam, wie es gekommen ist". „Ja, ja, ich sehe schon, ich muss, ich muss, ich muss. Aber gerade das macht mich so traurig. Ich muss so vieles tun, so viel verändern, mich so sehr disziplinieren, um nichts anderes zu erreichen, als weiter zu leben". „Wieso bist Du darüber traurig? Es sollte Dich glücklich machen, dass es so viele Möglichkeiten gibt, sich selber aus dem Schlamassel herauszuholen. Schließlich gibt es auch noch Menschen, die Dir dabei helfen. Hernach, wenn Du vor Gesundheit strotzt, dann kannst Du auch daran denken Dich wieder mehr einzubringen; etwas für andere zu tun. Vielleicht kannst Du sogar ein paar Stunden in der Woche in Deinem geliebten Beruf als Bibliothekarin arbeiten". „Aber Kind, bei der heutigen Arbeitslosigkeit; wer sollte mich da einstellen"? „Das weiß man nie, aber vielleicht möchtest Du Dich mehr ehrenamtlich engagieren auf irgendeinem Gebiet, das Dir

wichtig erscheint". „Ach ja, Deine Phantasie möchte ich haben".
„Die wirst Du haben, so bald Du Dich wieder richtig gut fühlst.
Schau, was ich Dir mitgebracht habe". Simone wickelt ein winzi-
ges Blumentöpfchen aus dem Papier. „Was ist das"? fragt die
Mutter. „Nun, ich habe in Deiner Wohnung Blumen gegossen und
als ich in der Küche frisches Wasser in die Gießkanne füllen
wollte, da grünte es mir entgegen". „Wie bitte"? „Ja", sagte Si-
mone. „Aus dem Ausguss der Spüle ist diese Pflanze emporge-
sprossen. Die Würzelchen hatten sich durch das Sieb hindurch bis
hinunter in den Siphon ausgebreitet und sich dort angeklammert.
Ich habe sie ganz vorsichtig abgehoben. Als ich den Mülleimer
ausleeren wollte, fand ich diesen kleinen Blumentopf. Es war so-
gar noch Erde darin". „Na klar, das war der kleine Glücksklee von
Sylvester, den ich weggeworfen habe, als ich ins Krankenhaus
musste". „Stimmt, der war hoffnungslos verwelkt und der Schorn-
steinfeger lag noch daneben". „Was meinst Du, hat der Wasser-
hahn getropft, als Du in die Küche kamst"? „Mutter, das habe ich
nicht bemerkt. Jedenfalls nahm ich das Töpfchen mit Erde und
steckte das neue Pflänzchen vorsichtig hinein". „Wie wunder-
schön hellgrün die Stängel sind und wie fein die Blättchen. Was
für eine Pflanze mag das wohl sein"? „Was hast Du zuletzt in den
Ausguss geschüttet"? Meines Erachtens habe ich zuletzt das

Tüchlein aus der hölzernen Brotschale über dem Ausguss ausgeschüttelt". „Welches Brot hattest Du"? „Gewöhnlich esse ich Körnerbrötchen zum Frühstück." „Genau, das ist es. Körner von den Brötchen haben ausgetrieben. Vielleicht Sesam, Mohn, Kümmel oder Irgendeine Getreideart. Wir wissen es nicht! Jedenfalls hat hier eines der Körner die Hitze des Bäckerofens, wie auch Deinen Hunger überlebt. Mit nichts anderem als der Wärme Deiner Küche und der Restfeuchtigkeit in Deinem Ausguss hat sich die Pflanze ungestört entwickelt". „Simone, das ist ein Wunder. Ich danke Dir für dieses schöne Geschenk. Ich werde das Pflänzchen pflegen und nicht so schnell wieder in den Müll werfen. Wer weiß, vielleicht wird es blühen und Samen austreiben und wir werden schließlich erkennen, was wir da großgezogen haben. Und denke Dir, wie robust die Natur in Wirklichkeit ist". Mit diesen Worten schmiegt sie sich tiefer in die Kissen, schließt die Augen und ein Lächeln umspielt ihren Mund. „Ja Mutter", flüstert Simone leise, „aber auch Du bist ein Stück dieser robusten Natur". Mutter lächelt noch immer, während sich Simone leise aus dem Zimmer davon schleicht.

## Grabpflege

Gerhard hat die Pflege des Familiengrabes auf dem „Alten Fried-
hof" in Offenbach übernommen. Ein guter Freund aus Zeiten ge-
meinsamer Berufstätigkeit ist ihm häufig dabei behilflich. Die bei-
den Senioren kommen mit den Rädern angefahren. Gerhard hat
eine prächtige Hortensie auf dem Gepäckträger. Sein Freund be-
fördert Werkzeuge und einen Beutel Blumenerde. An alles haben
die beiden ehemaligen Kollegen gedacht. Sie arbeiteten schließ-
lich als Ingenieure in der gleichen Firma. Teamwork seit Jahr-
zehnten sind sie gewohnt.

Das Familiengrab befindet sich an einer Mauer aus grobem Sand-
stein. In der Mitte steht frei der alte einem gotischen Portal nach-
empfundene Grabstein des Ur- Ur- Ur- Urgroßvaters. Schon Goe-
the hat ihn 1814 und 1815 anlässlich seiner Besuche auf der Ger-
bermühle bei den Willemers, im Dachgeschoss seiner Apotheke
in Offenbach besucht, um dessen ausgestopfte heimische Vögel
zu bestaunen.

Rechts und links des zentralen Grabsteins sind Granitplatten an
der Wand befestigt, die Auskunft geben über Lebensdaten von
nie gekannten Angehörigen und letztlich auch von denen der
Großeltern und Eltern. Unter dieser untersten Platte ist ein Ab-
stand zu den immergrünen Büschen davor, wo man schnell eine

Gießkanne greifen kann. Die beiden Männer diskutieren lange über den besten Platz für die blau blühende Hortensie. Schließlich ist eine Fläche von 16 qm zu bedenken, die Größe eines Kinderzimmers. Außerdem, kommen geführte Gruppen hier entlang und lassen sich die alten Gräber und Bekanntes über die dazugehörigen Familien erklären. Da soll unser Grab doch nicht unangenehm auffallen, nicht wie jenes Nachbargrab, wo es offensichtlich keine Nachkommen mehr gibt.

Schließlich wird an der richtigen Stelle ein Pflanzloch gegraben. „Müsst ihr hier auf dem Friedhof so laut herumbrüllen", ruft Gerhard nun zwei Rad fahrenden Jugendlichen nach. Wenn man's bedenkt, so haben diese Kinder vor ihren dreigeschossigen Wohnblocks nur brausenden Autoverkehr und einen kleinen eingezäunten Spielplatz. Es sei denn, sie fahren hinunter an den Main. Dort ist der Uferbereich wunderbar neu angelegt und von Kelkheim bis Mühlheim als eine erholsame Kulturlandschaft mit einem viel befahrenen Radweg gestaltet. Während Gerhard gräbt, hat sein Freund welkes Blattwerk zu einem großen Zementbottich getragen und nebenan die Gießkanne mit Wasser gefüllt. Das Pflanzloch wird erst reichlich gewässert. Dann, wenn dieses eingesickert ist, wird die prächtige weithin leuchtende Hortensie hineingedrückt. Die beiden laufen noch mehrere Male, um das ganze Grab ausreichend zu wässern, denn vor dem Reformationstag Ende Oktober, werden die beiden nicht wieder hier herkommen. Dann werden sie das Grab winterfest gestalten. Die Reformation war wohl auch Ursache dafür, dass die Hugenottenfamilie einst aus Frankreich auswanderte und über die Schweiz und Holland schließlich hier in Offenbach ein Zuhause finden konnte. Große Flächen des Grabes sind sowieso immergrün bedeckt.

Bevor Gerhard die Pflanzanweisung der Hortensie in den Abfallkorb wirft, will er sicherheitshalber nochmals nachlesen ob sie auch alles richtig gemacht haben. Doch wo ist die Brille? Er hatte sie wie so häufig im linken Hemdtäschchen stecken. Wo hat er sich am meisten vornüber gebeugt? Beim Abrechen, beim Graben, beim Wasserschöpfen, beim Pflanzen? Die beiden Männer schuften nun wie die Berserker und durchstöbern jeden Meter Grabfläche. Die eingepflanzte Hortensie wird wieder ausgegraben und das gesamte Umfeld umgestülpt. Nein, tiefer will Gerhard nun nicht gehen. Wie tief  liegen eigentlich die zuletzt beigesetzten Anverwandten? Bei diesem Gedankensplitter hört er plötzlich seine Mutter sagen: „Hast Dich all die Jahre nicht geändert. Hast weder gute Ratschläge noch Verbote befolgt. Eine teure Brille ins Hemdtäschchen, wie kann man nur, wird Deine liebe Frau zetern.

Du hast es nicht besser verdient". Plötzlich sieht Gerhard den erhobenen Zeigefinger seiner Mutter direkt vor seinen Augen. Was war das? Er schüttelt sich verstört, packt Schaufel und Hacke und geht zum Fahrrad. „Wir geben auf", sagt er zu seinem Freund. Sie radeln wieder heimwärts, hintereinander, manchmal auch nebeneinander doch keiner spricht ein Wort.

**Die Frau als Vampir**

Jürgen fuhr in seinem schwarzen Opel Corsa auf die rote Ampel zu. Er stand auf Höhe der Markuskirche und stoppte seinen Wagen exakt neben einem gelben Bruder. Als er nach links hinüber schaute, sah er ein junges Mädchen, das sich zum Spiegel emporreckte und etwas an den Zähnen fummelte. Sie stand auf der Abbiegespur Fenster an Fenster mit ihm. Als hätte sie seine Blicke gespürt, drehte sie sich zu ihm um. Er erschrak. In einem bildhübschen Gesicht ragten aus einem sinnlich geschwungenen Mund zwei Langzähne über die Unterlippe herunter. Doch trotz dieser Entstellung lächelte das Mädchen ihn wie das unschuldigste Wesen der Welt an. Plötzlich hupten hinter ihm einige Autos und das Vampir Mädchen gestikulierte ihm, loszufahren und schwenkte dabei ihren Arm so als wolle sie ihn samt einer ganzen Woge fortbewegen. Mit einem Achselzucken der Hilflosigkeit gab er schließlich Gas und schoss auf und davon. Sie aber packte ihre Zahnspange mit den überlangen Zähnen vorsichtig zurück in das Kästchen und steckte dieses in die Manteltasche, als auch ihre Ampel auf Grün umsprang. Ja, dachte sie während der Fahrt, das wird ein guter Spaß werden, heute Abend. Mit ihrem schwarzen Body, den roten hohen Schuhen und dem schwarzen, mit roter Seide abgefütterten Umhang über den Schultern, wäre sie durchaus attraktiv. Ein weiblicher Batman sozusagen. Doch das genügte ihr nicht. Sie wollte eine gesteigerte Anziehung durch ein gewisses Maß an Abschreckung. Etwas Grusel mitten in der Fröhlichkeit des Karnevals. Eine Mischung aus Nähe und Distanz. Ein paar Stunden später schlenderte Jürgen durch die geschmückten Räume der Kunsthochschule. Er bewegte sich mit der beim Näherkommen anschwellenden Musik aus dem Raum vor ihm und der verklingenden Musik aus dem Raum hinter ihm. Unbewusst veränderte er den Rhythmus seiner Schritte mit dem der anschwellenden und abschwellenden Musik. Auch wogte ihm eine Menschenmenge entgegen. Einige waren kaum kostümiert und andere strahlten in einer fantastischen Buntheit, so dass er einzelne Masken als Leuchtpunkte immer irgendwo wieder erkannte. So der silberne Astronaut oder die Femme fatale ganz in scharlachrot. Er selbst hatte sich schwarz weiß gestylt. Mit Zylinder, schwarzer Frackjacke über einer seidenen Fahrrad-Strumpfhose und weißem Hemd. Da schoss vor ihm jemand quer hinüber zur Bar direkt auf eine schwarz/rot gekleidete Blondine zu. Als diese ihm den Kopf zudrehte, machte er jedoch einen eleganten Bogen um die Bar herum und ging weiter. War das nicht das Mädchen von heute Mittag? Ja natürlich. Jürgen war, nachdem sein erster Schreck schon ein paar Stunden zurück lag, nun nicht mehr so abgeneigt, sich dem blonden Vampir zu nähern, der alleine und leicht gelangweilt auf einem der Barhocker saß. „Hallo, darf ich mich zu Ihnen setzen"? „Wenn Sie keine Angst vor mir haben, gerne"! „Wir kennen uns schon". „Ach nein, jetzt kommt diese Masche. Da hätte ich aber etwas mehr Phantasie von Ihnen erwartet". „Wieso, es stimmt doch. Vor der Ampel in Oberursel saßen sie im Auto direkt neben mir". „Tatsächlich, jetzt wo sie es sagen, fällt es mir wieder ein. Da haben wir uns in der Tat schon sehr gut kennen gelernt, sagte sie etwas schnippisch". „Wollen wir tanzen"? Sie fauchte ein wenig wie eine Katze, was aber Vampir Gehabe sein sollte und rutschte gleichzeitig geschmeidig von ihrem Hocker. Der Tango war sofort in den Beinen. Sie bewegte sich so wunderbar nach seinen Schrittvorgaben, dass er allmählich mutiger wurde, seinen Arm so weit nach unten streckte, wie er glaubte, dass ihr Oberkörper folgen könnte. Sie vertraute ihm und ließ sich fallen. Mit einem Schwung holte er sie wieder hoch. Und mitten in seine Begeisterung schnitt sie ihm, so ganz nebenbei und wie zur Betonung des ersten Taktes, ihr katzenhaftes Zähne fletschen. Aber sofort waren sie wieder auf den Tanz konzentriert. Als der Tango geendet hatte fragte er, ob sie denn wenigstens um 12.00 Uhr die Zähne verschwinden ließe. „Wo denken Sie hin, 12.00 Uhr, das ist doch meine ganz heiße Stunde. Da muss Blut fließen, sonst......" „Schade, ich hätte Sie um 12.00 Uhr so gerne

geküsst". Mit diesen Worten drehte er sich um und ging. „Trotz-
dem, noch einen schönen Abend", rief sie ihm hinterher. Von da
an tanzten beide mit wechselnden Partnern aber in Wirklichkeit
suchten sie nur einander. Immer im Uhrzeigersinn hielten sich
beide nach und nach in den verschiedenen Räumen auf, die alle
ineinander übergingen, bis man wieder im großen Treppenhaus
stand. Nun fasste Jürgen den Entschluss, sich in Gegenrichtung
zu bewegen und tatsächlich sah er sie plötzlich. Sie tanzte einen
heftigen Bougie Wooge. Wie eine Puppe tippte sie auf den Boden,
schnellte von ihrem Partner fort und kam zurück, kreiste und
stampfte kurze Stakkatos auf den Boden. Die beiden tobten sich
aus und sahen sich dabei gar nicht an. Von jetzt an behielt er sie
im Auge und achtete darauf, dass sie ihn hin und wieder zu sehen
bekam. Um 12.00 Uhr war er zur Stelle. „Wie heißen Sie eigent-
lich, wenn sie kein Vampir sind"? „Jasmin", antwortete sie. „Darf
ich Sie vielleicht wiedersehen"? „Ja, das lässt sich machen". „Ha-
ben Sie eine Telefonnummer"? „Ja" und mit diesen Worten nahm
sie seinen linken Unterarm und tat so, als wolle sie die Zähne hin-
einrammen. „Was tun Sie da"? „Nun, die Nummer eintätowie-
ren". „Sind Sie verrückt"? „Ja, ein bisschen schon, jedenfalls
heute". Jetzt kramte sie in ihrem roten Seitenbeutel und zog eine
Visitenkarte heraus. „Bitte sehr, wenn Ihnen das so lieber ist". In
dem Beutel entdeckte er auch noch eine kleine weiße Schachtel

und ehe er sich versah, hatte sie schon die nahezu durchsichtige Zahnspange da hinein getan. „Und die Zähne da, die kommen nie mehr zum Vorschein"? „Genauso vielleicht nicht mehr, aber nachts, als Antiknirsch-Zahnspange schon". Was, sie haben das Ding jede Nacht an"? „Natürlich nicht in dieser Version. Der Dentist hat mir die beiden Zähne nur drauf gesetzt. Die Krankenkasse hat das sogar mitbezahlt. Aber pst, das darf niemand wissen". „Die beiden Zähne kommen natürlich wieder herunter". „Gott sei Dank"! Und bei diesem Seufzer der Erleichterung schlug es 12.00 Uhr. Er nahm sie in den Arm und küsste sie. Zähne knirschen also nachts, das bedeutet Verspannungen. Aber die müssten sich doch beheben lassen, dachte er. Bei dieser Erkenntnis klopfte er sich insgeheim selbst auf die Schulter. So gefallen Sie mir tausendmal besser, sagte er schließlich laut.

**Die Uhr**

„Der Garten blüht paradiesisch heute". „Ja, willst Du hinaus und Dich dort ausruhen"? „Hinaus möchte ich schon, aber nicht zum Ausruhen. Ich bin nicht müde. Kann ich nicht etwas Sinnvolles tun? Rosen schneiden oder so". „Leider nein, die habe ich heute Vormittag geschnitten. Aber wenn du willst, gebe ich dir einen Karton mit Fotos zum einkleben". „Aber du zeigst doch immer so schöne Fotoalben herum. Wieso jetzt einen Karton voller Bilder"? „Damit hat es eine besondere Bewandtnis. Seit Jahren sammle ich aussagekräftige Fotos aller Familienmitglieder, die anlässlich von Kindtaufe, Konfirmation, Hochzeiten und Trauerfeiern gemacht wurden. Es gibt in der Sammlung von jedem Menschen nur ein bis maximal drei Fotos. Ich will später Texte dazu schreiben und so eine Art Stammbaum in Bildern gestalten". „Na, das klingt ja spannend. Das mache ich gerne".

Helga sitzt nun im Garten und wühlt in der Kiste. Sie sortiert erst nach Familienmitgliedern und macht dabei viele kleine Bilder-häufchen. Dann sortiert sie innerhalb der kleinen Stöße nach Jahren. Schließlich ist ein großer Tisch gut bedeckt. Hoffentlich kommt jetzt kein Wind auf, denkt sie und wiegt sich in der Gewissheit, dass sich die Luft im Sommer so ab 17.00 Uhr meist beruhigt und einem schönen Sommerabend Platz macht. Doch was ist das, ein Konfirmandenfoto ihrer jüngeren Schwester. Im schwarzen Volant Kleid steht sie etwas ungelenk neben einem zierlichen Tischchen. Die gekreuzten Daumen beider Hände liegen auf einem Gesangbuch, das mit einem kleinen Maiglöckchen Strauß dekoriert ist. Über das rechte Handgelenk rutscht ein silberner Armreif. Ja, das ist er, der ist von ihr, den hat sie ihrer Schwester zur Konfirmation aus London geschickt. Plötzlich schwirrt ihr der Kopf. Sie lässt alles stehen und liegen und geht ins Haus. „Mutter, was ist"? ruft die Tochter. „Ein Glas Wasser bitte, vielleicht ist es draußen doch noch ein bisschen heiß."

Monate später reist die Familie nach London. Einen Kurzurlaub mit Stadtbesichtigung ist geplant. Helga allerdings will noch einmal dorthin, wo sie als junges Mädchen ein gutes Jahr zubrachte. Anstatt als Hilfe in einem Haushalt zog sie die Arbeit als ungelernte Schwester in einem Wellfare Institute vor. Abends besuchte sie eine Sprachschule. Für das Lower Cambridge Examen musste sie ordentlich büffeln. Heute fragt sie sich: Wo nur war der International Club in Kensington? Dort hatte sie mit Peter, einem Chirurgen aus Jugoslawien wild Bougie Wooge getanzt. Wo nur findet sie nach all den Jahren einen bestimmten Juwelier in Archway? Von ihrem Arbeitsplatz aus fuhr sie einige Stationen mit dem Bus. Aber wie viele Stationen?

Als die Familie einen Besuch in Hampton Court plant, macht Helga sich selbständig. „Aha, auf den Spuren der Vergangenheit", lästert der Schwiegersohn. „Ich will mit der Oma fahren", sagt nun der 10-jährige Holger. „alte Schlösser sehen doch immer gleich aus". So trennt sich heute die Familie und Helga geht mit Holger zur Untergrund Station. Schneller als erwartet findet sie sich wieder zurecht mit den schematisch gezeichneten Linien und Richtungen der Tube. In Archway sucht sie erst das Welfare Hospital, um sich von da aus neu zu orientieren. Den alten großen Ziegelbau gibt es tatsächlich noch immer. Zielsicher steigen die beiden nun in einen der roten Doppelstockbusse ein. Die Fahrt ging nach Osten, erinnert sich Helga und das Geschäft lag an der Hauptstraße. Die Häuserzeile war im älteren Stil und etwa 3-geschossig. Ob das heute, nach etwa 40 Jahren noch so ist? Helga bleibt in der Nähe der Tür stehen und gleitet mit Argusaugen die linke Straßenseite entlang. „Halte Dich, wie ich, hier an der Stange fest", empfiehlt sie ihrem Holger. Hier, hier sieht es ein bisschen danach aus, denkt sie. Aber vielleicht wird es noch deutlicher. Aber nein, jetzt kommt ein Kreisel und der Bus verändert die Richtung. „Raus", ruft Helga. „Holger, ganz schnell aussteigen! Wir müssen wieder eine Haltestelle zurück laufen". „Aber wieso denn"? mault nun Holger.

„Ich habe den Laden erst in allerletzter Minute wieder erkannt".

Der Autoverkehr ist wahrlich großstädtisch. Im Geschäft angekommen, werden sie freundlich von einem jungen Mann begrüßt.

„Die Inhaber sind noch immer die Familie Mathew, wie draußen auf dem Schild geschrieben"? „Aber selbstverständlich, gnädige Frau. Ich bin der Enkel des Seniors Albert Mathew". „Schön, schön! Wir möchten eine sportliche Uhr für den Jungen kaufen".

Holger schaut bass erstaunt seine Omi an. Damit hatte er überhaupt nicht gerechnet. Doch die Freude rötet sein kleines Gesicht.

„Soll es eine modische Swatch sein, oder eher für offizielle Anlässe"? „Eine schöne Swatch, auf der die Zahlen eindeutig zu erkennen sind. Die Sport Uhr gibt es vielleicht in vier Jahren zur Konfirmation". „Sicherheitshalber zeige ich Ihnen beides". Herr Mathew legt eine Uhr nach der anderen auf ein mit grünem Samt bezogenes Brett. Holger probiert und probiert und entscheidet sich schließlich für eine fröhlich bunte Swatch. Als Großmutter bezahlt, sieht er, wie sie einen Geldschein unter das Samtbrett schiebt und gleichzeitig einen anderen dem Verkäufer hinhält. Seltsam, denkt er, wieso nimmt sie an, dass hier ein Wind die Pfundnote hinwegfegen könnte? Doch sofort muss er wieder seine schöne neue Uhr betrachten.

Draußen auf der Straße fragt er Großmutter und kommt sich selbst sehr altklug vor, ob sie die Pfundnote unter dem Samtbrett auch wieder eingesteckt habe. „Nein, Jüngelchen, aber das ist eine sehr alte Geschichte und die geht so:

Vor langer Zeit habe ich hier in diesem Geschäft einen Armreif für meine kleine Schwester Irmgard zur Konfirmation gekauft. Dabei probierte ich unendlich viele silberne Armreife an. Draußen war es noch recht kühl, so dass ich beim Anlegen den Mantelärmel hochschieben musste. Schließlich kaufte ich einen schönen Armreif mit gehämmerten Noppen. Doch den schickte ich nicht als Geschenk, sondern einen anderen, der mir, als ich wieder zum Bus rannte, am Arm herunterglitt und plötzlich da war. Der hatte sich wie ein Gürtel glatt an meine Haut geschmiegt. Unbezahlt, dachte ich kurz, doch der Impuls, in den Bus zu springen war größer. Zu Hause angekommen, war das glatte Silber an meinem Arm nicht nur warm, sondern heiß. Ich packte den Reif in ein Päckchen und ab damit nach Deutschland. Heute nun habe ich den Armreif endlich bezahlt. Ein Konfirmandenfoto hat mich daran erinnert, dass ich hier noch etwas zu erledigen hatte". „Wau, Du behältst Dir Sachen ja genau so lange, wie es Elefanten angeblich tun". Ja, siehst Du, die schrumpelige Haut bekomme ich ja auch schon und lachend merkt sie erst in letzter Minute, dass ihr Bus anrollt und mit einem kleinen Spurt erreichen sie ihn gerade noch vor der Abfahrt.

**Piazza del Popolo** (Ein Tag in Rom)

Anderntags fuhr ich zu der Galleria Borghese mit Museum im Park. Ich trat ein in einen prächtigen Raum mit gewölbter, teilweise verglaster Überdachung. Hier waren Skulpturen und Reliefs aus dem fünfzehnten bis zum achtzehnten Jahrhundert aufgestellt oder in Wände eingelassen. In den oberen Etagen befanden sich Bilder von Malern wie Bernini, Tizian, Raffael, Cranach, Rubens oder Caraveggio. Ein Kardinal Borghese hat im frühen siebzehnten Jahrhundert viele wichtige Kunstwerke zusammengetragen. Wieder einmal war mein Kopf angefüllt mit Schönheit und ich lief in erhabener Stimmung durch einen kleinen Pinienwald, um mich mit frischer Luft und der Wirklichkeit zu verbinden.

Durch das Tor Pinciana in der Stadtmauer bewegte ich mich wieder hinein in das altehrwürdige Zentrum Roms. Ich überquerte den Piazza di Spagna und ging weiter Richtung Tiber, um dort das Mausoleum des Augustus, dem ersten römischen Kaiser, zu suchen, das dieser für sich selbst im Jahr 29 vor Chr. erbauen ließ. Schließlich wurden 20 Personen seiner julisch claudischen Familie und einige andere bedeutende römische Persönlichkeiten dort beigesetzt. Heute versperrt ein kleines Gittertor den Eingang zu einem als Hügel mit Pinien und Zypressen bewachsenen Rundbau. Dort oben entdeckte ich eine Frau, die ihren Hund Gassi führte, der nun sein Geschäft auf den Häuptern der einstigen Großen machen durfte. Ich wandte mich nun stadteinwärts, schlängelte mich durch ein Wohngebiet. Diesmal jedoch mit vielen kleinen Hotels, Pensionen, Galerien und immer wieder Kirchen. Plötzlich schwoll ein Geräusch wie ein gesprochener Chor an. Schon sah ich die ersten Fahnenträger einer Demonstration herankommen. Als sie schon recht nahe waren, griff ich zur Kamera. Ich ging rückwärts vor ihnen her. Die Gesichter unter den roten Fahnen wurden größer, deutlicher, gereizter, fanatischer. Durch die schöne Straße bewegte sich ein gewaltiger Lindwurm. Jetzt kamen auch ihre Spruchbänder auf mich zu. Rückwärts gehen, suchen, sehen, auslösen, erneut sehen, auslösen und noch einmal, sehen, auslösen! Plötzlich hatte ich das Gefühl überrollt zu werden und suchte einen Hauseingang. Da, die Tür einer Pension, geschlossen, zu! Das Tor zur „Casa di Goethe", gleichfalls geschlossen. Dann eine Werkstadt, wo zwei Männer über goldenen Bilderrahmen saßen und nur kurz von der Arbeit aufblickten. Die Tür war offen! Ich schlüpfte hinein. Endlich Ruhe! Ich gestikulierte, dass ich nur ausweichen wollte. Man verstand mich, „si si, communisti" sagte einer der Handwerker und ließ mich in der Werkstatt herumstehen. Wofür oder wogegen da draußen wohl demonstriert wurde? Drüben auf der anderen Tiber Seite war ich einmal neugierig in einen Hof hineingegangen. Da sah es schon recht trostlos aus. Putz und Farbe bröckelten von den Wänden. Der Asphalt im Hof war aufgerissen und in den Kulen bildeten sich Pfützen. Kohlen, die noch nicht in den Keller geschaufelt waren, verdeckten beinahe einen der drei Eingänge zu den Treppenhäusern. Nun ja, Wäsche hing von Wand zu Wand und eine Katze räkelte sich auf einer mannshohen Trennmauer zum Nachbargrundstück. Soziale Unzufriedenheit könnte schon das Thema der Demo sein. Draußen war es wieder ruhig geworden. Ich verneigte mich dankend vor den Herren und ging wieder hinaus.

Zum Piazza del Popolo konnte es nicht mehr weit sein. Nun hörte ich einen Redner durch ein Megaphon sprechen und beim Näherkommen sah ich den Platz gefüllt mit einer Masse Menschen. Sie hörten still zu. Nur ab und an skandierten sie den Text eines Spruchbandes. Vom Monte Pincio kamen noch immer junge dunkelhaarige Männer eine schmale Treppe heruntergetröpfelt. Unten angekommen rollten auch sie ihre roten Fahnen aus.

Ich wusste, der Piazza del Popolo ist einer der berühmtesten Plätze in Rom. Er war seit der Antike der Platz, an dem der Besucher die Stadt Rom betrat, wenn er vom Norden über die Via Flaminia oder die Via Gassia in die Stadt reiste. Begrüßt wurde er von zwei gleichen Kirchen auf der gegenüberliegenden Seite des Platzes mit zwei gleichen Säuleneingängen, zwei gleichen Kuppeldächern und zwei Türmchen an gleicher Stelle. Nun lag die

Sonne schräg auf den Kuppeldächern von Santa Maria die Mira-
coli und Santa Maria in Monte Santo. Mittig davor auf dem Platz
ragte die Spitze eines großen Obelisken mit gut erhaltenen Hiero-
glyphen, weit über die Köpfe der Menschen hinaus. Er kommt
aus dem Sonnentempel im ägyptischen Heliopolis. Ein gewaltiges
Gewicht, denke ich. Wie konnten römische Segelschiffe vor etwa
2000 Jahren ein solches Gewicht auf ihren Segelbooten transpor-
tieren? Hat man mehrere Schiffe zusammengebunden? Erfin-
dungsreich waren die Römer in jedem Fall. So hat Manneskraft
und technischer Verstand ihnen bei ihren Eroberungen den Erfolg
gesichert. Allmählich rutschten die Menschen vor mir in den
Schatten.

Was war heute nur alles auf mich eingestürmt! Die Sammlung
eines kunstverständigen Kardinals, die mehr als 2000-jährige
Grabstätte eines römischen Kaisers und jetzt hier die jungen De-
monstranten. Auch an diesem Tag konnte ich mir Rom nicht
wirklich einverleiben. Es ist zu vielschichtig. Als Fremde ging ich
unauffällig um die Masse Menschen herum und bewegte mich
wieder in Richtung Innenstadt, dorthin, wo Touristen sich bei-
nahe gegenseitig auf die Füße treten und abends im Hotel müde
und voller wunderbarer Eindrücke ins Bett fallen.

# Geduld brauchen wir

Enrico, der Campesino durchschreitet die breiten Furchen seines Maisfeldes. Von der Sonne ausgebleicht sind der größte Teil der großen lanzettförmigen Blätter. Nur ganz oben, unterhalb des im Gegenlicht glitzernden Feldes, das der Wind jetzt in Wellen beugt, schimmert das Feld noch grün. Der Campesino bricht einen Maiskolben heraus, reißt Blätter und Fasern herunter und prüft die aufgereihten sattgelben Körner. „Sehr gut", murmelt er durch schmale Lippen aus einem gebräunten Gesicht. Dieser Mais enthält alles Leben. Er ist der Stoff, aus dem unsere Götter den wahren Menschen schufen. Die aus dem Mais Abstammenden, das sind wir, die Nachfolger der Mayas. Die übrige Bevölkerung der unvorstellbar weiten Welt, das sind die anderen. „Morgen werden wir ernten". Die Ernte ist immer die härteste Arbeit des Jahres. Von Macheten getroffen fallen die einzelnen Stangen. Noch im Feld brechen seine Frau und seine beiden älteren Söhne die Kolben von Hand aus der Pflanze heraus. Diese werden in großen Flechtkörben nach Hause getragen. Das Feld bleibt übersät mit einer braungrünen Biomasse, die den Boden nun für Monate vor der Austrocknung durch Hitze und Wind schützt. Erst danach werden die Stangen herausgeholt, von den letzten, noch nicht abgefallenen Blättern befreit und am Feldrand gestapelt. Die Blätter werden später untergepflügt. Diese ganzjährigen Tätigkeiten am

Mais wollen gut bedacht und gemäß der Tradition ausgeführt werden. In Mexiko wird seit 7000 Jahren Mais angebaut und alles nützliche Wissen, das Ahnen je herausgefunden haben, wurde an nachfolgende Generation weitergegeben.

Am nächsten Morgen sitzen Vater und Sohn vorne auf dem mit Maiskolben beladenen Pritschenwagen. Der Campesino hält die Zügel in der Hand und lenkt das Pferd Mirandola in die Stadt. Dort ist heute großer Markt. Die beiden haben sich schon einen Platz an der Rückseite der Kathedrale reservieren lassen. Doch die Stunden vergehen und kein Käufer kommt. „Vater, ich will sehen woran das liegt", sagt nun José und schlendert mitten durch das turbulente Treiben. Er muss nicht weit gehen, um festzustellen, dass drei fremde Händler Berge von blassen Maiskolben, die größer sind als die Ihren, schön in Jutesäcken verpackt, zu einem wahnsinnig niedrigen Preis verkaufen. Das kann doch nicht wahr sein. José geht zu einem der Händler. „Verzeihung", sagt er. „Wo kommt dieser Mais her? Der sieht anders aus, als der Mais aus der hiesigen Gegend"? „Ja, der kommt aus Texas", antwortet der Händler. „Die armen Farmer aus Texas. Wovon leben die, wenn sie ihren Mais so billig abgeben"? „Ha, ganz im Gegenteil, die sind nicht arm. Diese Amerikaner haben Felder, die sind so groß, dass man sie mit einem Blick nicht übersehen kann". „Und wer macht die viele Arbeit auf diesen großen Feldern"? „Das meiste machen Maschinen. Den Rest besorgen Saisonarbeiter, nicht selten kommen die hier aus Mexiko". „Aber wir dürfen doch nicht hinüber". „Ja und nein" antwortet der Händler. „Zwar befürwortet die WTO einerseits den freien Austausch von Waren und Menschen und andererseits kommt vorwiegend Ware, wie diese herein nach Mexiko, für die wir hier keinen Bedarf haben". „Menschen aber, die hinüber wollen, werden an der Grenze abgefangen. Was geschieht mit denen, die es dennoch versuchen"? „Gottlob wird nicht mehr geschossen. Aber die Hunde, vor denen muss man sich in Acht nehmen. Wen die Grenzsoldaten erwischen, den fahren sie einfach wieder zurück nach Mexiko". „Danke für die Auskunft"! Mit diesen Worten läuft Jose zu seinem Vater. "Wir können wieder aufladen und nach Hause fahren. Hier verkaufen wir keinen einzigen Sack Mais, denn es gibt ihn auf dem Markt viel billiger". „Das kann doch gar nicht sein; wir müssen diesen Preis haben, damit wir das Nötigste für uns und den Hof übers Jahr kaufen können". Mürrisch und schweigend fahren die beiden nach Hause. Als die Frau ihnen kopfschüttelnd entgegenkommt, erhält sie nur die knappe Erklärung: „Die anderen sind viel billiger" Ratlosigkeit breitet sich in der Familie aus. Was haben wir falsch gemacht? Wir haben Mutter Erde verehrt, wir haben ihr geopfert und unsere Gebete an sie gerichtet. Dieser Mais enthält die guten Gedanken, das kräftige Wollen und das fleißige Wirken eines ganzen Volkes. Ich wollte mich in diesem Jahr verheiraten, denkt José, eine eigene Familie gründen. Und nun? Das Dach des Hauses sollte repariert werden, denkt der Vater und die Mutter ist enttäuscht, weil sie nun keine Möglichkeit sieht, die beiden jüngeren Mädchen in die Schule zu schicken. „Als Tierfutter werden wir unseren Mais schon noch verkaufen können", sagt schließlich Enrico. „Den Rest verbrauchen wir selbst". In gedrückter Stimmung gehen bald alle schlafen. Noch lange hört Enrico den sonst so lebensfrohen Wind gleich einem bösen Geist gefährliche Botschaften über ihrem Häuschen brabbeln.

Am nächsten Morgen war Josés Schlafstätte schon leer als Maria den Eimer mit Körnern nimmt, um draußen die Hühner zu füttern. Hatte er diese Arbeit schon übernommen? Nein! Er war nicht bei den Hühnern, nicht am Brunnen und auch nicht auf dem abgeernteten Feld. Sie suchten ihn überall. Auch hatte er sich niemandem anvertraut, niemanden etwas von seinem Vorhaben gesagt. Er wird sich doch nicht auf den Weg nach Texas gemacht haben, denkt der Vater. Versucht er sein Glück vielleicht in den Minen, denkt die Mutter. Aber was sie sich gegenseitig versichern ist: „sicher ist er ins Nachbardorf gegangen, um seiner Verlobten einen schönen Tag zu wünschen". Doch José kommt nicht zurück.

Es vergehen drei Jahre, in denen die Familie mit vielen Mühen lebt. Schließlich kommt eines Tages ein junger Mann vorbei und berichtet, dass José tatsächlich den weiten Weg nach Texas genommen hat, um dort etwas Geld zu verdienen. „Gottlob er lebt", sagt Maria. „Aber kommen Sie doch herein. Sicher wollen Sie sich ausruhen. Ich hole etwas zu essen. Erzählen Sie weiter, bittet Maria." „Von hier, dem Dorf in der Oaxaca, hat sich José also nach Mexiko Stadt durchgeschlagen. Er lebte ärmlich und fand keine Arbeit. Deshalb machte er sich auf den Weg zur Ostküste, um auf einem Schiff anzuheuern. Dies gelang ihm auch, aber er kam nur bis Pampica, nahe der mexikanisch / texanischen Grenze. Er dachte, es wäre einfach, den Fluss zu überqueren. Aber der ist kurz vor der Mündung ausufernd breit. So suchte er, wie viele andere, den Rio Bravo del Noire aufwärts ab, nach einer günstigen Stelle zum Überqueren. Dabei habe ich José und ein paar andere Männer getroffen, die alle das gleiche Ziel hatten. Wir wollten uns auf den großen Plantagen in Texas als Saisonarbeiter verdingen und in wenigen Jahren möglichst reich in die Heimat zurückkehren. Ein Mann, der schon einmal drüben war, von den Amerikanern zurückgeschickt wurde und es nun erneut versuchte, zeigte uns schließlich die beste Stelle hoch droben im Norden, den Rio Grande zu überqueren. Alle waren wir jung und gewohnt, hart zu arbeiten. So fand jeder von uns auch bald Unterkunft und Auskommen. Doch auch bei größter Sparsamkeit reichte das verdiente Geld niemals aus, um als ein erfolgreicher Mann zurückzukehren. Ich bin, wie Sie sehen, trotzdem auf dem Nachhauseweg. Ihr Sohn allerdings glaubt, dort noch etwas lernen zu können, deshalb will er noch einige Zeit bleiben. Ich wüsste allerdings nicht, was er dort noch lernen könnte. Die Texaner arbeiten ganz anders. Das können wir auf unseren kleinen Feldern nicht nachmachen". „Was höre ich, kleine Felder", ertönt plötzlich Vater Stimme aus dem offenen Türrahmen. „Ja natürlich, aber nur im Vergleich zu dort, ich meine zu Texas". Also ist unser Sohn doch nach Texas gegangen?" und nun wiederholt der junge Mann, mit kleinen Variationen, die abenteuerliche Reise des José.

Als José nach weiteren 6 Monaten nicht nach Hause kommt, beschließt die Familie, das Land aufzugeben und nach Mexiko Stadt zu gehen. Dort wird das Leben sicher einfacher sein, als hier im Oaxaca, vermuteten sie. Doch kaum hatten sie den Entschluss gefasst, Hühner, Schwein und das Pferd verkauft, als José einfach wieder da ist. „Wieso habt ihr die Tiere verkauft? Wieso wollt ihr weggehen? Bitte tut das nicht! Ich bin doch nun wieder da. Ihr glaubt gar nicht, wie es ist, wenn man gar nichts mehr hat. Kein richtiges Haus, keine Tiere, kein Land und keinen Beruf. Das alles habt ihr hier. Als Bauern sind wir nur hier geachtet. Ohne Land ist man ein Nichts". „Aber ohne ausreichende Ernährung werden wir in absehbarer Zeit auch nicht mehr sein", erwidert Vater nun mit zaghafter Stimme. „Lasst mich Euch erzählen, was ich erfahren habe. Weil ich mich sehr schnell gut auskannte, war ich in Texas ein Vorarbeiter. Ich war für die anderen Arbeiter mitverantwortlich. Jeden Freitag ging ich in das Büro, um die Löhne für alle abzuholen. Manchmal musste ich etwas länger warten, bis das Geld ausgezahlt wurde. In diesem Büro gingen die Leute ein und aus und ich konnte ungestört hören, was sie redeten. Da war z.B. ein Herr, der war unser Berater aus dem Labor. Der war verantwortlich dafür, dass die Pflanzen richtig gezüchtet wurden. Doch im Labor hat man die gewünschten Eigenschaften einfach in das Erbgut eingepflanzt." „Nun, wir kreuzen doch auch seit Jahrhunderten die Sorten auf eine Weise, dass sie immer besser werden." „Die machen das aber auf geheimnisvolle Art und Weise ganz anders. Die verbinden nicht die Eigenschaften von zwei Sorten miteinander, um beide Eigenschaften in die Pflanze einzukreuzen, sondern sie bringen bestimmte Eigenschaften direkt in das Erbgut, die Gene der Pflanze, wie sie das nennen. Von da an wird es immer wieder nur diesen, auf solche Weise veränderten Mais geben. Dem können dann weder Schädlinge, noch starke Unkrautvernichtungsmittel etwas anhaben und sogar große Hitzeperioden kann er gut überstehen. Ich habe von dem Mais gegessen und sage Euch, der ist überhaupt nicht zu vergleichen mit dem wunderbaren Geschmack unseres Maises. Er sieht blässlich aus und schmeckt schal. Bei solchen Gesprächen habe ich aber auch Stimmen gehört, die Bedenken äußerten. Der Farmer fragte z.B. „und wenn die Qualität, die durch die Genmanipulation erreicht wurde, nachlässt"? „Das wird lange dauern und dann lassen wir uns eben wieder etwas einfallen", war die Antwort des Beraters. „Hat sich nicht bei den Moskitos die eingeimpfte Veränderung, nämlich nicht mehr Krankheitsüberträger zu sein, nach einigen Jahren wieder verflüchtigt"? „Ja", sagte der Berater, doch das sei nicht vergleichbar. Die Moskitos sind nämlich, das wusste der Chef von unserer Farm, einfach wieder zu ihrer ursprünglichen Natur zurückgekehrt. Diese hat sich schließlich wieder durchgesetzt". „Ich ahne was du meinst", sagte Enrico nun sehr nachdenklich. „Wenn es mit dem Mais so geht, wie mit den Moskitos, dann ist in ein paar Jahren alles wieder beim Alten. Wir haben sowieso den besten Mais". „Das stimmt! Aber für die Zeit dazwischen müssen wir noch etwas ganz anderes tun". „Was meinst Du damit, etwas ganz anderes tun, was können wir anderes tun"? „Wir Bauern in der Oaxaca müssen uns zusammenschließen und Abnehmer für unsere herrlichen gelben, roten und blauen Körner als Gourmet-Mais finden. Es ist die Qualität unserer Ähren, für die sicherlich eine Nachfrage gefunden werden könnte. Glaube mir, in den USA und in Europa gäbe es genügend Menschen, die für unseren Mais liebend gerne ein paar Cents mehr bezahlen würden". „Aber diese Riesenentfernungen, wie sollen wir den Transport schaffen"? Es gibt die Bahn und den Schiffsverkehr. Was glaubst Du wie viele Schiffe täglich den Atlantik überqueren? Auf eines bis zwei mehr in der Saison kommt es da bestimmt nicht an". „Du hast aber guten Mut mein Sohn". „Ja Vater, den müssen wir jetzt auch haben. Fleiß, guten Mut, gute Ideen und, er zögerte etwas bevor er fortfuhr, Geduld. Wir brauchen natürlich Geduld". „Was glaubst Du, wie viel Geduld müssten wir noch haben"? fragte nun Vater. „Ein paar Jahre sicherlich, aber denke an uns Kinder und die zukünftigen Enkel". „Daran denke ich immerzu". Vaters Stimme klang dabei etwas gereizt". „Aber ja doch. Schau, ich habe mir von der Sekretärin der Farm ein paar Namen von Bauern in der Oaxaca aufschreiben lassen, von denen gesagt wird, dass sie auch solche Pläne hätten. Gleich morgen mache ich mich wieder auf den Weg. Ihr werdet sehen, es wird alles wieder gut werden". Die Eheleute beschauten nun stumm ihren Sohn, der inzwischen ein kräftiger junger Mann geworden war. „Unser José, welch ein fortschrittlicher junger Mann, sagte nun Maria". „Wir vertrauen Dir und Deinen Plänen", sagte daraufhin der Vater in sehr ernstem Ton und packte seinen Sohn an beiden Schultern. Als sich die Familie zum Schlaf niedergelegt hatte, begleitete ein munter säuselnder Wind all ihre aufgewühlten Gedanken hinüber in hoffnungsvolle Träume.

## Eis und Schnee  -  (Leningrad 1943-44)

Weiße Nächte in Petersburg
Zugefroren die Newa
Barocke Fassaden an prächtigen Häusern
Aus Zeiten der großen Katharina


Schnee auf Dächern und Zwiebeltürmen
Auch auf kunstvollen Ornamenten
Auf Pflanzen und Blumen im Eisengitter
Auf Löwen am Fuße der Treppe des Zaren.


Schnee auf Stacheldraht und Zäunen
Auf den Mützen eilender Menschen
auf Wiesen, Sträuchern und auf Bäumen
Weich der Tritt, gedämpft der Vogelschrei


Große Landschaft in freundlichem Weiß
Zugefroren der nahe Ladogasee.
Hell der ferne Sternenhimmel,
Der strahlend sich wölbt über Leningrad.


Wie lange wird die Eisdecke tragen
Für Lebensmittel und Medikamente
Gepackt auf kleine Lastkraftwagen
Für hungernde Menschen in der Stadt?

Sie leiden unter der Blockade
Grausam ist die Kälte für alle
Für Zivilisten wie auch Soldaten,
die in zerschossenen Häusern hausen


Oder standhaft Wache stehen
In gefetzten Jacken und Schuhen,
In den Straßen mehren sich Tote.
Ein Vorwärts der Waffenproduktion.


Bis endlich die russischen Panzer rollen
Den Feind aus der Heimat zu vertreiben
Nach so viel Leid auf beiden Seiten
Fragt man sich heute, warum und wozu?


Drohgebärden versammelter Menschen
In Bronze gegossen, im Denkmal vereint
Schauen auf Dauer nach dem Westen.

Darunter, im Erdreich aufgebaut,
Geschichte zur steten Erinnerung!

## Musik ist mein Leben

Darf ich mich vorstellen? Ich bin das Klavierkonzert Nr. 5 Op. 73 von Ludwig van Beethoven. Sicher übertreibe ich nicht, wenn ich behaupte, dass ich bereits Tausende Male gespielt wurde und zwar über ungefähr 200 Jahre und in aller Herren Länder. Geschrieben hat Beethoven mich in den Jahren 1809/10. Dass er es seinem Schüler und Förderer Erzherzog Rudolph von Österreich gewidmet hat, das half ihm in Zeiten der Napoleonischen Kriege überhaupt nicht. Im April hatte Österreich dummerweise Frankreich den Krieg erklärt. Mitte Mai 1809 wurde Wien von den französischen Truppen bombardiert und besetzt. Schon am 4. Mai war die kaiserliche Familie, darunter auch Erzherzog Rudolph aus Wien in den ungarischen Teil ihres Herrschaftsbereiches geflohen. Die Lebensverhältnisse in Wien verschlechterten sich enorm, denn die Bevölkerung hatte für den Unterhalt der Truppen aufzukommen. Auch mein Schöpfer, Herr van Beethoven war betroffen. Im September schrieb er nach Leipzig, dass er in Geldnöten sei, ja, dass er nicht einmal mehr gutes genießbares Brot hätte, weil doppelt so viele Menschen als normalerweise ernährt werden müssten und dass er den Krieg verfluche. Wie auch Goethe war Beethoven ursprünglich heimlicher Anhänger der Reformideen Napoleons. Aber im Angesicht des Leids von Millionen Menschen fand er alles besser als Krieg.

Ich bestand damals lediglich aus unfertigen Notenblättern, die auf seinem Schreibtisch herumlagen. Er tat sich sehr schwer in dieser Zeit. Doch immer wieder hatte er sagenhafte Ideen, die er zwischen meinen Linien notierte, sie am Flügel ausprobierte, als gelungen empfand und veröffentlichte. Damit waren sie verewigt. So, als ob Not einen geistigen Reichtum hervorbringen könnte, ist dieses traumhaft schöne Klavierkonzert entstanden. Heute füllen sich Kathedralen und Konzertsäle, wenn diese, seine musikalischen Gedanken auf dem Programm stehen. Mir gefällt es natürlich, dass ich auf diese Weise immer wieder am Leben erhalten werde. Vor allem dann, wenn sich junge Menschen an die Aufgabe wagen und in einen, ja ich muss schon sagen Übungsrausch verfallen, so wie hier der junge Philip Sharp, ein wunderbarer Student von der Musikhochschule in Chester in England. Er erhält als Pianist den Auftrag, dieses Konzert in der Kathedrale von Chester zu spielen. Seither probt und probt er Tag und Nacht. Wenn ich, der Leib und die Seele des gedruckten Klavierkonzertes eigentlich schon zufrieden bin, dann probiert er das Stück weiter und weiter und versucht es wiederum, eine Nuance anders zu gestalten. Und was soll ich sagen, es wurde dabei tatsächlich immer besser. Am Wochenende hungert er regelrecht, weil er vergisst, zum Essen zu seiner Mutter zu fahren.

Dann ist endlich der Konzerttermin. Die Wirkung des jungen Pianisten auf das Publikum ist phänomenal. Einerseits mit seinem außergewöhnlichen Äußeren, wobei die Zuhörer lange rätseln müssen, ob es sich bei der Person am Klavier um eine Frau oder einen Mann handelt. Sie müssen sich vorstellen, tizianrote Haare fallen in Wellen auf die Schultern. Eine Frau also? Dann aber die Interpretation des Stückes. Da springt der Pianist lebendig herum, zeigt kraftvolle Stärke im Allegro, säuselt zart und weich über die Tasten im Adagio und tanzt schließlich übermütig durch die Welt im Rondo Allegro. In seinen Pausen aber, wenn das Orchester die Führung übernommen hat, schaut er verträumt über die Köpfe des Publikums hinweg, hinüber, zwischen Säulen hindurch zu den farbenfrohen Kirchenfenstern. Wenn die Musik ihr Publikum schon in andere Sphären gehoben hat, dann steigert dieser Junge die Empfindsamkeit der Menschen zusätzlich durch seine engelgleiche Schönheit.

Mein Schöpfer, Herr von Beethoven, der kreative Geist so vieler wunderbarer Musik, weilt hoffentlich irgendwo da oben, wo er glücklich wäre, wenn er solche Augenblicke miterleben könnte, Augenblicke, wo junge Künstler sein Genie würdigen und ihm zumindest sehr nahe kommen.

## Schlüssel zwischen Tod und Liebe

Ulla schellt aufgeregt an Thorstens Haustür. „Mein Schlüssel ist weg", sagt sie oben angekommen. „Schau bitte in der Wohnung nach". „Hier ist kein Schlüssel". „Wir waren doch nur hier am Bücherregal. Du in dem einen und ich in dem anderen Sessel". „Aber vielleicht auf dem Boden, im Flur, irgendwo muss er doch sein". „Vielleicht hast du ihn im Aufzug oder auf dem Weg zum Auto verloren". „Gut, ich fahre, also tschüs". Aber auch auf dem Weg zum Auto kein Schlüssel weit und breit. Thorsten hatte sie vormittags in der Bibliothek getroffen. Sie wollte etwas über Hildegard von Bingen heraussuchen. Doch da lachte er nur und sagte: „also nun doch auf einem halbwegs esoterischen Weg? Das Interessanteste findest du sowieso bei mir zu Hause". So war sie nachmittags zu ihm gefahren und er hatte mancherlei Texte schon griffbereit herausgesucht. „Du willst etwas hören, was Hildegard von Bingen gesagt hat? Hier werden die unterschiedlichen Wege zur Trance, den Weg der Ektase und den der Instasis beschrieben: Eine Ektase erstickt irgendwann an der eigenen Erschöpfung, während eine Instasis mit Hildegards Worten eine bewusste und wache Einsenkung in den Seelengrund geistige Frische verschaffen". Sie sagt außerdem:

„Wie die Sonne das Licht des Tages ist

So ist die Seele das Licht des wachen Körpers und des Bewusst-

seins.

Und wie der Mond das Licht der Nacht ist,

so ist wiederum die Seele das Licht des schlafenden Körpers.

Gott schuf den Menschen hell erleuchtet und gab ihm,

der jetzt im Dunkeln lebt, die Kraft, wieder Licht zu werden.

Gott ist ein tätiges und wirkendes Feuer".

„Hildegard von Bingen hat also offensichtlich Lichterlebnisse ge-

habt. Was aber versteht sie unter Seele? Mit Sicherheit waren ihre

Lichterlebnisse von großartigen Gefühlen begleitet. Es ist deshalb

anzunehmen, dass sie diese Gefühle als Seele verstand".

„Willst Du auch Verse und Sprüche von Mystikern im Zusam-

menhang mit dem Sterben hören? Warte hier", und er zieht ein

rot eingebundenes Buch herunter. „Seite 187 z.B. sagt Franz von

Assisi":

„Eh dir nicht ganz verblich der äußer'n Sterne Licht,

erblickest du das innre Licht der Sonne nicht!

Drum, willst du hier Erkenntnis schon erwerben,

folg' des Propheten Rat: Stirb vor dem Sterben"!

Oder hier, Seite 191 heißt es von Hildegard von Magdeburg:

„Letztes und höchstes Ziel ihres Strebens
ist der Mystische Liebestod,
gemäß dem Wort eines Mystikers":
„Wer nicht stirbt, bevor er stirbt,
der verdirbt, wenn er stirbt".
Darum singt sie:
„Ich sterbe gern vor Liebe,
möchte es mir gescheh'n,
denn Jenen, den ich liebe,
den habe ich geseh'n
mit meinem innern Auge
in meiner Seele steh'n".

Ulla nimmt ihm das Buch der Mystiker aus der Hand, um selber nachzulesen. Dabei fällt ihr unbemerkt der Schlüsselbund aus der Hand auf den breiteren Unterschrank des Bücherregals, hinter die vordere, etwa einen Meter lange, allzeit griffbereite Bücherreihe. Einen zweiten Autoschlüssel hat sie noch in der Handtasche. Zu Hause öffnet ihr Sohn die Haustür und wohlverwahrt findet sie auch einen Ersatzschlüssel fürs Haus. Aber der Schlüssel vom Büro und daran hängend, der von der Firmenkasse, unmöglich.

Wie sollte sie den Verlust ihrem Chef, ihren Kollegen beichten? Später telefoniert sie noch einmal mit Thorsten. „Reg Dich doch nicht so auf", mahnt er und, „absichtslos findet...."meint er zuversichtlich.

So hat sie sich darauf verlegt, morgens nicht als Erste vor der Bürotür zu stehen, sondern Karsten den Vortritt zu lassen. Auch der hat einen Büroschlüssel. Dann ruft sie beim Fundbüro an. Ist dort ein Schlüsselbund im roten Etui abgegeben worden? Die freundliche Beamtin im Rathaus verneint und vertröstet darauf, dass manche Leute sich nicht sofort auf den Weg machen, sondern ein paar Tage warten, bis sie ein Fundstück bringen. Ulla fasst sich also mit Geduld, obwohl ihr das sehr schwer fällt. In den nächsten Tagen zahlt sie die Reinigungskraft, wie auch Porto und einen Lieferdienst aus der eigenen Tasche, immer noch in der Hoffnung, dass der Schlüssel auftauchen würde.

Am Geburtstagstag ihrer Mutter bittet sie Thorsten, mit ihr auf den Friedhof zu fahren. „Ja, gerne" erwidert der, „ich habe im Moment nichts Wichtiges zu tun". Eine gelbe Chrysantheme pflanzen sie ein. Sie wässern ordentlich, damit die an den bevorstehenden Feiertagen noch gut aussähe. Danach schlendern sie noch eine ganze Weile über diesen Alten Friedhof. Hier fällt ihnen ein Grabstein mit Keramikbildern auf, wo drei Kinder begraben liegen, die vor vielen Jahren im Main ertrunken waren. Dort ist ein Grab, mit einem Jagdhund aus rotem Sandstein vor einem Baumstamm. Darunter die Bemerkung, dass der Hund nicht mehr von dem Platz wegzubringen war, wo einst sein Herrchen beigesetzt wurde. Hinter einer niedrigen Mauer, sehen sie die vielen schiefen und krummen Grabsteine mit hebräischen Schriftzeichen. Auf manchen stapeln sich noch die alten Steinhäufchen. Jetzt bewegen sie sich wieder zurück zum Ausgang. Doch vorne links erblicken sie noch ein Grab mit einem Stein, der kein Stein ist. Zwischen zwei rostfarbenen, gewölbten Kupferblechen ist ein Spiegel eingesetzt, auf dem sich jeder Besucher, eingebettet in den grünen Hintergrund hoher Bäume und anderer Gräber, sehen kann. Nur schwer zu erkennen, eine kleine Schrift mit Namen und Daten des Verstorbenen und darunter die Markierung: 1. Korinther, Kap. 13, Vers 13.

Sie wussten im Augenblick nichts damit anzufangen. Aber zu Hause bei Thorsten angekommen, wollen sie sofort in der Bibel nachschlagen. Und was raschelt da, beim Herausziehen des Buches? Der rote Schlüsselbund kommt zum Vorschein. Ulla hüpft vor Freude. Und wie lautet der Bibelspruch? Ach so, durchaus bekannt:

Nun aber bleibt, Glaube, Hoffnung, Liebe,
diese drei, aber die Liebe ist die größte unter ihnen.

**Gottes Arm?**

Ich stand alleine auf dem Berggipfel.

Alle anderen waren nach einem schweren Aufstieg gleich in die Hütte gegangen. Eine warme Stube, ein kühles Bier, ein Teller Suppe, das waren die Verlockungen, denen sie folgten. Ich aber wollte noch die allerhöchste Spitze des Gipfels, eine kleine Kuppe, besteigen. Wollte die Trophäe, unter dem Gipfelkreuz gestanden zu haben, mit in den Schlaf nehmen.

Die Sonne war inzwischen untergegangen. Unter mir lag die Welt im Schatten. Der ferne See schimmerte nur noch ganz schwach in einem grünlichen Silber. Der Wald dahinter stand dunkel als Grenze zum Horizont. Wenn ich mich umdrehte, sah ich hinter mir runde gebuckelte dunkle Bergkuppen. Die allerletzten wärmenden Strahlen, die hinter diesen Bergen aufstiegen, beschienen nur noch einen Teil des Himmels, berührten mein Gesicht und einen winzigen Flecken Erde, auf dem ich stand. Ich drehte mich wieder um. Badete meine Haare, meinen Nacken wohlig in der letzten Sonne des Tages. Ich reckte und streckte mich und plötzlich sah ich eine Bewegung am Himmel. Was war das, sagte ich laut in die Stille hinein und reckte den Arm mit ausgestrecktem Zeigefinger dorthin, wo ich in den Wolken eine Bewegung gesehen hatte. Eine Bewegung, wie ein Hindurchhuschen. Eine Bewegung, die schneller war, als der Wind die Wolken jemals hätte jagen können. Doch wie das? Jetzt sah ich Gottes Arm im rosa beleuchteten Grauweiß der Wolken groß und mächtig über den Himmel emporragen, als wolle er der ganzen Welt etwas bedeuten. Ich nahm meinen Arm herunter und weg war auch Gottes Arm. Ich drehte mich wieder der Hügelseite hinter mir zu, um die Lichtquelle für das Schattenspiel zu entdecken. Doch da war nichts, nichts als die gleiche grandiose dunkle Kulisse, hinter der die Sonne nun gänzlich untergegangen war. Sonderbar, dachte ich und Bilder, wie das vom brennenden Dornbusch stiegen in mir auf. Hier aber war kein Laut, keine Stimme zu hören. Eine Spiegelung also, mein eigener Arm das Objekt? Nichts Aufregendes also. Doch mich ließ die Vorstellung von einem Fingerzeig Gottes seither nicht mehr los. Wie sichtbar eingebunden war ich plötzlich in die Natur und ihre Phänomene.

Langsam stieg ich den nun gänzlich dunklen Graskegel hinunter und suchte vorsichtig die ausgetretenen Stufen der Berghütte. Drinnen schlug mir lautes Stimmengewirr und eine seltsam warme, verräucherte Luft entgegen. Ich war in einer anderen Welt; in meiner, in der wirklichen Welt.

## Goldstaub

Die Götter haben das rechte Maß verloren
Sie blähen das Feuer,
stürzen Wasser über die Welt
legen, nach Sodom und Gomorra,
auch heute wieder Städte in Staub.
Sie lenken über bebautes Land
Massen schlammiger Flut.
Viel zu gierig, auch zu klein
ist jedes menschliche Maß
der hoch gepriesenen Zivilisation.

Weil uns immer wieder Chaos trifft,
müssen wir chaotisch denken,
neue Dimensionen gründen,
unser Sinnen auf die Götter lenken,
die besänftigt werden wollen.
Drum fragen wir, worüber wären die erfreut?
Was ist es, das uns gleichermaßen nützt?

Was wir sehen ist, dass Götter sich des Nachts
mit goldenen Sternen gern umgeben.
Wir schließen daraus, dass sie das,

was sie in Mengen sammeln, gerne mögen.

Und was sie mögen, muss man ihnen geben.

Drum suchen wir das Gold der Welt,

zermahlen es sehr fein zu Staub,

füllen damit voll Bedacht

Sprengköpfe an Raketen.

Jagen diese dann mit Wucht

an den Rand der Atmosphäre.


Wissenschaftler haben schon

exakt den Punkt berechnet,

wo, bei Höchstgeschwindigkeit,

die Weltraumkapsel explodiert.

Der Goldstaub, der sich fein versprüht,

wird von Stürmen fortgetragen

bis, als glänzend schützend Band

er zwischen Erde und Sonne liegt.


Vergoldet sehn die Götter nun am Tag die Erde,

dunkel schimmert sie bei Nacht.

Gebremst ist nun der Sonne heißer Atem,

so, dass das Meer sich nicht so stark erwärmt,

dass Gletscher an den Polen nicht mehr schmelzen,

dass Wälder werden nicht durch Feuersbrunst zerstört,

dass kühle Luft nicht übermäßig Wärme saugt

und Sturm die Regenwolken über Länder treibt.

Geschlossen ist des Himmels Wunde,

mit goldener Haut das böse Loch geflickt.

Des Himmels Blau erscheint uns wie durch Filter,

so, wie schon immer wir Natur im Bild gestalten,

etwas klarer nur, die Farben intensiver noch.

Die Götter schauen durch eine goldene Brille,

genießen nun vergnüglich diese Sicht.

Und sollten sie in 100 Jahren vielleicht doch

die Erde wieder blau erkennen wollen,

dann macht es uns nichts aus,

wenn sie das Gold zusammenfegen

und in Klumpen auf die Erde werfen.


Das böse Himmelsloch hat sich dann längst erholt,

weil Menschen zwischenzeitlich klug genug,

nicht übermäßig Schadstoff produzieren.

Die Erzählungen verlaufen innerhalb einer Zeitspanne von bis zu 100 Jahren. Die Orte der Erzählungen sind heimatlich, regional oder weltweit zu finden. Die Leser begleiten die Autorin durch die weite Welt, wenn sie an Ereignissen in Rom, den Kriegsjahren in Leningrad, Überraschungen im Tiger Delta nahe Buenos Aires oder Verhältnissen in Rio de Janeiro teilnehmen. Da gibt es den Campesino in Mexico genauso wie die Geisha in Japan, den Missionar im Punjab/Indien, wie den Geschäftsreisenden in China. Die Leser begleiten die Autorin auf einer Pilgerreise nach Santiago oder verfolgen den Weg von einem Paar super eleganten Schuhen nach Afrika. Auch schauen sie zu, wie ein Europäer versehentlich in eine Demonstration in Venezuela gerät und dafür als vermeintlicher Anführer im Gefängnis landet. Nicht zuletzt erlaubt sich die Autorin phantastische Gedankenspiele mit Gott und der Welt.

Ereignisse, die aus Sicht der Autorin beschrieben werden, reichen von den Kindheitstagen zum Erwachsenenalter bis hin zu fortgeschrittenen Lebensjahren. Die realen Örtlichkeiten sind meist korrekt benannt. Die internationalen Plätze existieren und sind nachempfunden. Die Geschichten unterliegen keinem bestimmten Thema und haben keinen Zusammenhang zueinander.

Die Autorin ist Jahrgang 1938, geboren in Offenbach, berufstätig in Frankfurt und wohnhaft seit vielen Jahren in einem Städtchen am Taunus. Erst im Alter von 60+ schloss sie sich den verschiedenen Schreibwerkstätten der Region an. Hier wurde 14-tägig ein Thema gesetzt und die Mitglieder aufgefordert, innerhalb einer Zeitspanne von etwa einer Stunde einen passenden Text zu erarbeiten. Danach wurde rundum vorgelesen und kommentiert. Hier begann für die Autorin der Spaß, spontan und kreativ zu schreiben. Was sie schreibt, könnten Alltagsgeschichten sein, wären da nicht die unerwarteten Ereignisse, die manchmal außergewöhnlichen Blickwinkel.

FSC
www.fsc.org
MIX
Papier | Fördert
gute Waldnutzung
FSC® C083411

Zeitfracht Medien GmbH
Ferdinand-Jühlke-Straße 7
99095 Erfurt, Deutschland
produktsicherheit@kolibri360.de